广东省教育科学规划课题"基于课堂观察提升义务教育阶段音乐教师PCK
（批准号2019ZQJK036）资助

走进
中小学音乐课堂

基于课堂观察提升音乐教师PCK

郑学智 主编

中国文联出版社

图书在版编目（CIP）数据

走进中小学音乐课堂：基于课堂观察提升音乐教师
PCK／郑学智主编. — 北京：中国文联出版社，2021.10
ISBN 978-7-5190-4676-7

Ⅰ.①走… Ⅱ.①郑… Ⅲ.①音乐课—教学研究—中
小学 Ⅳ.①G633.951.2

中国版本图书馆CIP数据核字（2021）第217617号

编　　者　郑学智
责任编辑　刘　旭
责任校对　张　红
装帧设计　刘贝贝　李　娜

出版发行　中国文联出版社有限公司
社　　址　北京市朝阳区农展馆南里10号　　邮编　100125
电　　话　010-85923025（发行部）　010-85923091（总编室）
经　　销　全国新华书店等
印　　刷　北京米乐印刷有限公司
开　　本　710毫米×1000毫米　　1/16
印　　张　12.25
字　　数　221千字
版　　次　2021年10月第1版第1次印刷
定　　价　45.00元

编 委 会

关于音乐教师视角与
思维的变革

音乐教师在课堂教学中占主导地位，在新课程理念指导下的音乐教师应该用怎样的视角观察音乐课堂？课堂观察思维应该如何进行变革？本章将对这些问题做理性分析。

中小学音乐课堂观察存在的问题

在新课程改革的教学中，中小学音乐课堂观察既是音乐教师及时获取教学反馈信息、捕捉教学复杂现象，又是对教学情况进行分析研究以及精准调整教学思路、内容和方式等方面的重要手段；同时，也是充分发挥音乐教师教学智慧、推动教师专业化发展、提升教学效能的重要依据。但是传统的中小学音乐课堂观察却与此要求相去甚远，《基于课堂观察提升义务教育阶段音乐教师PCK能力的实践研究》课题组在2019年5月2日至27日，通过对惠州市博罗和龙门4所各个级别的中小学的课堂观察，以及对惠州市（四区三县）182名中小学音乐教师进行问卷调查，发现其主要问题可以概括为五个注重、五个忽视。

一、注重模糊评价，忽视工具测量

观察了一节课后，看不出什么问题，也没有记录什么，只是泛泛而谈，缺乏说服力，笼统地认为"这节课教得不错"，或者说"这节课教得很差"。有的观察者虽记录了不少内容，但多半是细枝末节等一些"不痛不痒"的问题。对一节课的观察应该从整体上去分析评价，但绝不是不分轻、重、主、次，而需要有所侧重。即根据每一次的观察目的和课型，以及音乐课堂特点突出重点。但实践中有些课堂观察面面俱到，因而泛泛而谈，难以突出重点。

应该肯定新课程改革实验以来，中小学音乐课堂观察发生了巨大的变化。通过对调查中的回答都可以验证这个结论（见表1）。

表1　您平时课堂观察的方法是?

选项	小计	占比	
传统听课,记录听课本	101		55.49%
有目的有准备听课,有观察点,有观察量表	81		44.51%

通过上表的数据可以看到,在"您平时课堂观察的方法是"一题中,有55.49%的音乐教师选择了"传统听课,记录听课本",只有44.51%的教师选择了"有目的有准备听课,有观察点,有观察量表"。

二、注重教师教学,忽视学生学习

在中小学音乐课堂观察中忽视学生的现象随处可见。一是坐在教室的最后面,远离学生;二是仅听教师讲了什么,不注意观察学生对音乐的体验与表现;三是过多地关注了教师如何教、如何把握教材、如何控制课堂的问题,但对学生的学习状态、获得知识的途径、方法缺乏关注;四是对音乐教师提出的教学问题、课堂讨论设置的问题是否在学生的"最近发展区"等,缺乏深层次思考和有效的价值判断。通过对调查中的回答都可以验证这个结论(见表2)。

表2　您在课堂观察后评课多以评教师教学为主,还是评学生学习为主?

选项	小计	占比	
教师教学	124		68.13%
学生学习	58		31.87%

三、注重数据收集,忽视整体思考

通过团队合作,充分运用量表的课堂观察确实对课堂行为局部的分析与诊断起到了非常好的效果,但是对课堂事件的整体、综合、宏观的把握往往不尽如人意。在中小学音乐课堂观察实践中,我们发现,可能因为任务分工的原因,每位观察者各自关注自己负责的观察点,对于课堂的整体面貌、教师教学背后的意蕴却无人顾及。况且有些课堂观察也是无法用数据测量的,比如情感，但它又切切实实地在起着作用。有些课堂表现即使可以用数据统计但并不能说明问题，比如教师的提问，并不见得提问多就好，还必须将记录与听和看有机地结合，整体地进行思考，才能科学地分析、准确地判断。

四、注重课堂表现，忽视课外因素

课程标准、教材、学校、教师、学生是具体客观存在的，而课堂观察往往又是带着主观因素的活动。如果不熟悉教材、学校、教师、学生，就去进行课堂观察，可能就有失科学，难以达到课堂观察的目的（见表3~表5）。

表3　您在课堂观察前对授课教师的授课内容和教学思路有了解吗?

选项	小计	占比	
了解	74		40.66%
不太了解	94		51.65%
不了解	14		7.69%

表4　您在课堂观察前对上课的学生了解吗?

选项	小计	占比	
了解	53		29.12%
不太了解	111		60.99%
不了解	18		9.89%

表5　您细读过新版《义务教育音乐课程标准》吗?

选项	小计	占比	
有	75		41.21%
没有	22		12.09%
大概知道一点，没有细读过	85		46.7%

通过表3~表5的数据可以看到，在"您在课堂观察前对授课教师的授课

内容和教学思路有了解吗？"一题中，只有40.66%的音乐教师选择"了解"，51.65%的教师认为自己是"不太了解"，7.69%的教师认为自己是"不了解"；在"您在课堂观察前对上课的学生了解吗？"一题中，只有29.12%的教师选择了"了解"；在"您细读过新版《义务教育音乐课程标准》吗？"一题中，也只有41.21%的教师选择了"了解"。

五、注重单向观察，忽视多维视角

同样一个问题，从不同的角度看，或者不同的人去看，就可能有不同的答案，中小学音乐课堂观察同样如此。或许是受到条件限制等诸多因素的影响，在中小学音乐课堂观察实践中，大多采用的是单向的观察，通过对调查中的回答都可以验证这个结论（见表6）。

表6　您进行课堂观察是传统方式以个人为单位无目的的观察，
　　　还是以科组分工进行有目的的观察？

选项	小计	占比
个人	48	26.37%
以科组为单位进行课堂观察，但无明确分工	78	42.86%
科组分工	56	30.77%

1. 位置太固定

作为观察者的音乐教师往往喜欢坐在教室的后面，实际上坐在教室不同的位置，观察到的课堂可能是不一样的。作为授课教师，大多站在讲台前讲课，而且课桌椅的摆放大多是秧田型。实际上站在不同位置，就会关注到不同的学生。

2. 观察者单一

平常我们组织的课堂观察活动大多是个人独立参与，即使以科组为单位进行课堂观察也大多没有明确分工。一个人往往很难面面俱到，要充分利用团队的力量，分工合作，这样观察到的数据才更科学、全面、合理、准确。

寻找音乐教师视角与思维的变革

鉴于前文所述中小学音乐课堂观察存在诸多问题，要对中小学音乐课堂进行高效观察，就必须找出音乐教师的最佳视角，并进行思维变革，最终达到中小学音乐课堂观察的目的。

一、转变美育观念，树立新课程理念

长期以来，美育一直是学校教育中最为薄弱的环节，音乐教育实践中出现了小众化、技能化、知识化、功利化等不良倾向。尽管如此，不管是从教育现实还是从美育理论分析来看，音乐教育将依然是美育的重要构成部分，需要从美育的角度审视与关照音乐教育，充分彰显音乐教育的美育气质。

随着社会的不断发展与进步，美育观念也在不断更新。美育目的逐渐从"培养共性"走向"发展个性"，美育策略调整为既要"陶冶"更要"发展"，美育过程从"理性认知"走向"情感体验"，美育功能从"超功利性"逐渐回归"功利性"。美育是一种渗透着审美精神的教育，审美教育是渗透着感性、体验与想象、对话、和谐精神的教育。

艺术教育是学校实施美育的重要途径和内容，是素质教育的有机组成部分。音乐教育离不开音乐审美，《义务教育音乐课程标准（2011年版）》指出：音乐课程具有人文性、审美性和实践性三大特性，它的价值在于：为学生提供审美体验，陶冶情操，启迪智慧；开发创造性发展潜能，提升创造力；传承民族优秀文化，增进对世界音乐文化丰富性和多样性的认识和理解；促进人际交往、情感沟通及和谐社会的构建。

二、探索新模式，解决技术与方法问题

随着课程改革的不断推进，课堂观察作为研究课堂的一种方法开始受到学界的关注与中小学教师的青睐。陈大伟提出，从"听课评课"向"观课议课"转变；张菊荣形成了一套基于"主题—工具—证据—反思"的主题化课堂观察模型；秦亮认为，一个合格的观察员应该用多只眼进行课堂观察，将观察的视角放大，从教室走向社区，从标准走向素养；崔允漷研究出了LICC课堂观察模型；陈静静提出了LOCA观察范式；夏雪梅研究出了以学习为中心的课堂观察。这些研究成果为我们进一步研究课堂观察打下了坚实的基础，也让课堂观察具备更科学的研究空间。不论是哪一种课堂观察的模式，最终都是以学生的学习为出发点和归宿点，它的观察结果应该是定性与定量相结合的，它的观察视角应该是多维的。

1. 课堂观察的方法

（1）根据课堂观察的手段，可大体分为目视法、调查法。

目视法在教学过程中可直接进行，不必中断教学就能得到结果，简便易行。但是，目视法容易受到干扰，有时未必能"视"到真实的情况。为使目视法更加可靠，教师应对观察到的情况做由表及里的推理判断，做到既尊重观察结果，又不轻信表面现象。目视法可以分为扫视法、巡视法、注视法、凝视法等。

调查法通常采用提问等口头调查方式，是教师从对学生的答案、回答语气和神态的观察中获取信息，或者通过学生举手的情况来考查教学效果的一种观察方法。

（2）根据课堂观察的记录方法，可分为划记法和描述法。

所谓划记法，就是用划记的方式进行记录观察结果的方法。划记法要求预先对课堂中的要素进行解构、分类，将行为的种类加以类目化，并给予各种行为不同的代号。观察者只要按照划记表上对于各类目行为的界定，进行代号的

划记工作与计时即可。此种类型的观察，必须对所观察的行为是否能如预期出现、是否能顺利观察得到，做过审慎的评估，再付诸实施。

所谓描述法，就是用描述的形式记录课堂观察结果的方法。描述记录的方式主要有描述、叙述、图示、音像等。描述法要求观察者必须准备好观察笔记，并且预先设计好记录的格式。观察者在进行观察时，一边翔实地记载某些行为或经验的发生，一边将观察时所产生的即时性想法记录下来。如对于观察所获得的资料有疑义，则可以在课余与相关人员进行访谈，或者通过分析文件，获得答案。

2. 课堂观察的类型

（1）据资料收集的方式及资料本身属性来划分，课堂观察可分为定性观察和定量观察。定性观察一般以描述、叙述、图示、音像等方式记录；定量观察一般用等级量表和分类体系等方式记录。

（2）根据观察者的角色，可以分为同行观察、自我观察。同行观察，优势互补的专业引领；自我观察，素质提升的科研利剑。

（3）根据观察者的合作关系，可分为独立观察与团队观察。独立观察一般比较机动、灵活，但也往往会比较随意；团队观察一般会有较为严格的分工，更能体现观察的科学性和专业性。

（4）根据观察对象的选择，可分为整体观察和个体观察。在实践中，大多采用的是整体观察，实际上近些年来人们对个体观察也越来越重视。

（5）根据观察的目的和作用，可分为诊断性观察、提炼性观察、专题性观察。

（6）根据观察的内容，可分为主题性观察、结构性观察、系统性观察。

（7）根据观察的设备和手段。可分为现场观察与实况音像观察。现场观察是直接观察，现场感知的课堂观察；实况音像观察是间接观察，借助录音、录像等设施观察。

（8）按对观察对象和情景是否严格控制，可分为自然观察和实验观察。自然观察为不对课堂施加控制而进行的观察；实验观察是设计具有特殊要求的课堂情景，并严格控制观察测量对象的课堂观察。

3. 课堂观察的技术工具

做好课堂观察的一个重要基础，是科学的观察工具。课堂观察工具主要有量表、教学实录（通过手机、录音笔、摄像设备等采集）、面部识别系统、可穿戴设备、数字平台、手机App、微信小程序、应用软件等。量表是最重要的课堂观察工具，不是随随便便设计就可以的，它的形成也有逻辑流程，比如采取演绎法或归纳法。一般情况下，会经历从借鉴他人走向自主开发的过程：借用量表——改编量表（通过观察验证）——自创量表。相较于观察量表，在传统教室走向信息化课堂的过程中，教学实录（视频）因其自动采集、支持回溯、利于分析等特点，得到了广泛应用。

4. 课堂观察的思维变革

以学生为本的课堂观察。课堂教学是课改的重点，自从新课改以来，课堂教学逐渐从"依靠教"的逻辑转变为"依靠学"的逻辑。然而，以往的课堂观察，大多关注执教者，事实上，我们更应该以学生为本。观察学生什么呢？观察其学习内容、学习方式、学习过程、学习结果。学习过程与方式主要有个体自学、同伴助学、互动展学、网络拓学、实践研学、教师导学等。

课堂观察促进观察者与被观察者共同成长。从不同的角色来说，执教者要从"心理防备"到"你是我的眼"、从"被观察"到"定制观察"转变；观察者要从"依赖表格"到"以自己为观察工具"、从"结构性观察"到"选择性观察"、从"观察者"向"学习者"转变，最后超越工具，促进知识增值。

利用信息化手段与互联网思维来重构课堂观察。课堂教学的发生情境经历了从课堂到线上再到混合的发展历程；数据形态由文本到图文声像，并呈现海量拓展的趋势；课堂观察分析方法由手动化向自动化处理转变，趋向客观精准与智能处理。教育部在《关于推进中小学教育质量综合评价改革的意见》中特别指出："要建立评价资源平台，组织专业机构开发科学的评价工具，促进资源共享。各地要充分利用现代信息技术，建立和完善教育质量综合评价数字化管理平台，开发评价工具，为开展评价、改进工作提供技术支撑。"尤其是技术支撑，给当下课堂观察提供了更加客观的数据分析，更有利于进行观察报告的总结和反思。互联网、大数据和智能技术的发展，对课堂观察的影响日益凸

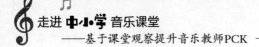
显，实现大数据分析与应用，让课堂观察实现自动化、智能化、个性化、可视化，是方向，是机遇，也是挑战。

由于课堂教学实践的复杂性和不确定性，仅遵循通用的课堂观察分析思维，难以有效地解读教学行为。因此，需要将教育理念、专家经验纳入数据驱动的教学行为分析流程中，促使领域知识与观察数据的有机融合，形成定性与定量相结合的课堂观察评价。

音乐教学研究的动力

课堂观察是教学研究的一项重要内容，可为教学过程性评价与精准教学服务提供参考与依据。一段时间以来，教学研究被"评职称""评优评先"等赋予了功利的色彩。其实，教学研究并不是什么高深莫测的事情，需要的并不是高深的理论水平，渊博的专业知识，简单地说就是"琢磨一件事"。对于音乐教学研究而言，更重要的是一种心态，一种需要。

一、把美育工作当成生活的一部分

陶行知先生说："教育只有通过生活才能产生作用并真正成为教育。"夸美纽斯说过："教育是生活的预备。"美育工作必须密切联系生活，这体现了每一位美育工作者能够通过美育工作，在生活中不仅是去创造美，更重要的是去发现美和欣赏美，让自己的生活得到美化。要努力将生活美育转化为个人情感、价值取向和行为方式，从自身做起、从点滴做起，形成健康向上的社会风尚。以实际行动诠释美学内涵、陶冶高雅情操，传播好中国文明。

杜威认为："教育是生活的过程，不是将来生活的准备。"美育工作者不但要将美育工作当成生活的一部分，还应具体将教学内容、教学方法、教学过程生活化，让美育源于生活，高于生活，又回归生活，构建生活化的美育。

二、改进课堂教学就是我们生活的梦想

音乐教师要有改善生活的意愿与追求，生活改善了必然会产生心情愉悦，音乐教育本身就是一种渗透着感性和体验的教育，拥有幸福美好生活的音乐教

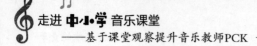

师，必然会对天然具有"审美"属性的音乐教学产生积极正面的影响。

　　每一位教师都要追求自己的最高目标，只有把我们的个人能力和价值实现结合起来，才能实现自己的梦想。只有把自己的梦想变成生活之美、生命进步之文化，才能使我们愿意去创造幸福美好的生活。

　　课堂教学是教师的主阵地，教师绝大多数都是通过不断改进课堂教学提升教育教学质量，教师的主要教学研究是围绕着改进课堂教学而进行的，改进课堂教学将是我们生活的梦想。

课堂观察给音乐教师的
幸福感

开展中小学音乐课堂观察，先要尊重教师的专业自主权利，帮助他们从思维变革、潜心教学研究，到走向专业的听评课，最终达到音乐课堂观察的目的，提升教学能力，提高课堂质量。

尊重音乐教师的专业自主权利

　　教师专业自主权是教师专业化的重要组成部分。教师具有自主组织课堂教学活动、确定教学进度和教学内容、教学的形式、探索新的教学方法、开展有利于学生成长及教师发展的教改实验和学术研究等权利。教师要拥有独立的专业人格，独立的专业判断，承担起对教育教学的一份责任；树立起自我的专业自信、专业自尊和专业自主。音乐教学进入了新课程改革，新老教师重新站在同一起跑线上对音乐教师的理念理解和新教材的把握共同探索和探讨。同时，由于音乐学科的特点，对教师的专业技能和要求相对较高。随着社会的日新月异，教育的不断发展进步，音乐教师将面临新的挑战，音乐教师专业化发展势在必行。

　　如何优化课堂教学提升教师的PCK能力？PCK是学科教学知识（Pedagogical Content Knowledge）的简称，是美国舒尔曼（Lee S.Shulman）教授提出，是教师教育学知识（PK= Pedagogical Knowledge）与学科知识（CK= Content Knowledge）的融合。Pedagogical Content Knowledge即是"教师个人教学经验、教师学科内容知识和教育学的特殊整合"。PCK涵盖"教学内容知识（what）、教育对象的知识（who）、教学方法知识（how）三大核心。当前，我国新一轮的基础教育课程改革正以其崭新的教育理念撞击着传统教育的方方面面。在这场围绕课程改革而展开的基础教育深刻变革中，无疑课堂是主战场，因为无论是先进的教育理念，还是优秀的教材，最终都要落实到课堂上，体现在课堂教学方式和教师教学行为上。怎样使教师的教学水平不断进步，引领教师向专业化不断发展？

　　课堂观察是提高音乐教师课堂观察能力与技术的一种课堂研究模式。经过课题组多次的教学教研实践活动，改变了青年教师以往听评课活动方式，让青年教师了解到课堂观察与以前的听评课有本质区别的，是音乐教师从教的基本功和必备技能。课堂观察要求观察者与被观察者进行课前交流，明确观课的维度和目标，制作观察量表，在课堂上收集数据资料，对所收集的课堂信息提出问题、发表意见，与执教教师展开对话、平等交流，促进相互成长的过程。一位教师在一次同课异构研讨活动后发表了这样一番言论："以前我一直以为，所谓的课堂观察就是我们以前教研活动中的听评课，只不过起了个新的名称而已。今天，才发觉两者是不同的，这是一次上课教师和观课议课教师合作参与、平等互助、交流分享平等的教研对话，尽管本次观课议课活动让我们花费了很多时间，但值得。这次教研活动太有效了，下次我要上课，你们来观察我，给我好好诊断诊断，多提些改进的建议。"总而言之，课堂观察是"观察他人的课堂，最终服务于自己的课堂"，这才是课堂观察最为根本的目的。通过课堂观察，不仅要丰富自己的课堂经验，修正自己的课堂教训，还要加深自己对课堂教学的理性认识。通过看课、议课、课后反思，启发教师们的教学灵感、学习借鉴好的经验、引领教学初探，让不同程度的教师都有收获、有提高，从而提高教师的整体教学水平。所以，无论是上课者还是观课者，都不能仅仅满足于一课的顺利结束。应该立足于一课而放眼于将来，要通过眼前这一课的研究与思考，对自己教学行为背后的观念进行批判、反思、重建，以求得自身教学相长。

　　音乐教师的专业化成长是一个长期的过程，除了通过接受专业训练和教育之外，还需要音乐教师自己在工作中，善于发现、善于观察，不断学习、不断积累经验，不断总结提升，这是一个终身学习的过程。

留下音乐教学生涯的美好印迹

一、一体化的课程观察模式，全面促进个体成长

借助课堂观察模式的实践应用，可以构建一个协助音乐教师发展的共同体，即在实践当中组织相互交流沟通，进行研训一体化，并且逐渐改变教学观念、丰富教学方式、拓展教学视野，组成一股合力，运用课例研究，对教师教学行为活动进行递进式跟踪观察的实践研究，以帮助音乐教师分析、改进教学行为。通常来说，课例观察的过程当中，单独的受观察教师均会接受周期性跟踪观察，并从结果中摸索出对教学产生正面促进作用以及负面约束影响的原因，为之后完善教学奠定基础，逐渐累积丰富的课堂观察经验（同步列出跟踪表）。

从音乐教师的角度来看，教学实践研究方面的活动能够给教师的全面发展提供可行性的课堂观察经验和参考数据信息，而且还能够给音乐教师的视听训练活动奠定参考依据，具象化影响音乐教师的教育教学能力发展的限制性因素，并尝试探索解决方案，真正实现能力提升。

二、"课堂观察"作为金钥匙的技术性支持

在LICC模式（具体内容在后）参考过程中，积极的课堂观察能够调动音乐教师教学研究方面的意识水平，并且打造一个相对平等的研究文化环境，令每位教师都能够重新认知并掌握课堂观察的意义和方法，逐渐整合成观察策略，提升音乐教师PCK自然指日可待。参考教师课堂观察能力的结构框架，整合出课堂观察能力培养可行性方案，能够给研究奠定较为坚实的保障性基础；分析

教师PCK结构，充分摸清课堂观察和教师PCK之间的关联；借助实际操作测量的探索，了解并完善LICC范式技术模式，不断提升教师课堂观察、反思、重建能力水平；促进教师提升PCK，完善音乐教学的形式；通过课堂观察提升义务教育阶段音乐教师PCK发展分析评价研究，开发设计教师的PCK成长跟踪表，通过对比实证分析研究，了解被观察者前后的情况，及时调整教学行为。综合来说，对义务教育阶段的音乐教师来说，课堂观察提高了教师课堂观察能力与技术，是对传统听课、评课、评教的改革实践。

三、转变课堂观察能力，精准"落地"PCK提升

作为音乐教师，需要始终坚持课堂观察能力的全面提升，并且重视其转变价值，有效实现"静态"到"动态"，或者是"动态"到"静态"之间的良好转换，除了要具备坚实的音乐知识以及音乐技能，还需要同时拥有灵活的教学技巧以及手段。但是从整体上来说，目前较多素质教育阶段的音乐教师因为音乐课程不受重视，导致无论是在基础知识还是技能上都比较弱，对于PCK的全面提升也造成了一定的约束性作用。在日后的教学当中，作为一名音乐教师，除了要坚持音乐知识的"基石"作用之外，还需要兼具音乐学科教学技巧、教育学理论等方面的知识，不断提升自我的职业素养；坚持人本理念展开教学，鼓励学生主动参与音乐课程的学习，可以结合实际情况，重新演绎一些音乐作品，吸引学生注意力，这也是提升教师自身的创造精神的途径；融合教育情景，以学生能理解的方式，鼓励学生主动参与音乐创作，这也是音乐教师PCK水平的最高体现。

从这次参与课题研究活动认识到，课堂观察的三大转变——简单变复杂、对立变理解、业余变专业。从第一次研讨会课题组的分工、调查问卷各项数据汇报和对课堂观察LICC范式进行详细解读，课堂维度（四个维度20视角68观察点）、三个阶段（课前会议、课中观察、课后会议），PCK学科教学知识，等等。第二次到河源市聆听台湾著名专家潘俞安教师的奥尔夫教学法的讲座，课题组成员亲身感受到奥尔夫教学的魅力。潘教师以互动教学的方式向大家讲解奥尔夫音乐的教学流程、乐器的使用以及打击乐的编排方法，从韵律活动、音

乐游戏、唱歌活动、听辨游戏、音乐欣赏、节奏活动、打击乐演奏等几个方面进行了指导和学习，让大家亲身实践，感受到奥尔夫音乐的内涵与魅力，领悟到奥尔夫音乐的精髓。第三次课堂观察（博罗、惠东、龙门）的课例研讨活动中，题组成员根据线上课前讨论的备课情况，确定观课活动的观察视角，围绕一至两个观察点展开观察，制作观察量表，采用课堂观察量表进行观课议课。课后，上课教师首先反思自己，随后针对各观察点，教师们集思广益，依据观察点对上课教师课上的优缺点进行反思评价，并提出了合理化的改进建议。自身从每一次观课议课中，通过观察他人的课堂，反思自己的实践，到达分享他人成长经历和规律的目的，更加有效地提高教师自身的PCK能力。

一次次研讨，一节节课例，一串串数据，一个个分析有理有据，每一次课堂观察，带着一份新鲜的冲动，一点成功的喜悦，一丝无奈的遗憾，给每位教师的音乐教学生涯留下美好的印迹。生物学家说过，蛹化蝶的过程只能依靠生物自己亲身走过！任何一位教师的专业化成长，其实也如同"破茧成蝶"的过程，需要自己亲身走过，在课堂观察研究中，从执教学科到科学执教，只有自己亲身经历每一次的痛苦和磨砺，才能在专业化成长的道路上感受"蛹化蝶"的幸福和成功；最终提升教师PCK能力，促进教师专业化成长。

解读"课堂观察"

课堂观察是一种对课堂教学科学的研究方法，就是通过观察对课堂的运行状况进行记录、分析与研究，并在此基础上谋求学生课堂学习的改善、促进教师发展的专业活动。它既是一种研究方法，也是一种行为系统、工作流程和团队合作行为。但是课堂观察LICC范式为何？LICC是指什么？范式又是指什么？为此，我们认真研读了沈毅、崔允漷教授的《课堂观察——走向专业的听评课》，并把心得体会记录下来，本章是我们对课堂观察的解读。因学科差异，我们大多从音乐课堂范畴来理解，解读的深度与广度不一定全面到位，希望同行、专家批评指正。

课堂观察设计的理由

科学的课堂观察能够改善学生课堂学习，促进教师专业发展，形成学校合作文化。

一、对学生课堂学习的改善

课堂观察的起点和归宿都是指向学生课堂学习的改善。无论是教师行为的改进、课程资源的利用，还是课堂文化的创设，都是以学生课堂的有效学习为落脚点。课堂观察主要关注学生是如何学习、会不会学习，以及学得怎样，这与传统的听评课主要关注教师单方面的行为有很大不同；即使所确定的观察点不是学生，其最终还是需要通过学生学习是否有效得到检验。因此，课堂观察的过程是合作体关注学生学习、研究学习和促进学习的过程，始终紧紧围绕着学生课堂学习的改善而运转的。

二、促进教师专业发展的重要途径

课堂观察是促进教师专业发展的重要途径之一。一方面是由于课堂观察的专业品性；它不是为了评价教学，面向过去，在观察之后将被观察者评出三六九等；而是为了改进课堂学习、追求内在价值，面向未来，在观察的整个过程中进行平等对话、思想碰撞，探讨课堂学习的专业问题。另一方面是由于课堂观察即教师参与教研：教师参与研究是教师专业发展的最重要且最有效的途径之一，而课堂作为教师教学的主阵地是教师从事研究的宝贵资源；课堂观察促使教师由观察他人课堂而反思自己的教育理念和教学行为，感悟和提升自己的教育教学能力，无论是观察者还是被观察者，无论处在哪个发展阶段的教师，都可以根据自己的实际需要，有针对性地进行课堂观察，从而获得实践知识，汲取他人的经验，改进自己教学的技能，提升自己的专业素养；比较有质量的课堂观察就是一种研究活动，它在教学实践和教学理论之间架起一座桥梁，为教师的专业发展提供了一条很好的途径。

三、有助于形成学校合作文化

课堂观察作为一种合作的专业研究活动，有助于学校合作文化的形成。课堂观察是互惠性的，它不是行政命令，也不是规定性的任务，而是出于自愿和协商的专业学习活动，观察者和被观察者都能受益。而课堂观察合作体的形成活动的开展营造了一种合作的学校文化，增进了教师的责任感和对学校的归属感。

核心要素

　　课堂观察（LICC范式）。"范式"一词，是1959年由美国著名的科学哲学家库恩在《必要的张力》（*The Essential Tension*）一文中首先使用。然而，这一术语的广泛传播以及人们对此的普遍认同，不仅源于1962年库恩在其经典著作《科学革命的结构》（*The Structure Scientific Revolutions*）中对"范式"概念的提出，更是源于"范式"一词对于科学革命结构变更的经典诠释。库恩认为，科学知识的增长，以及科学家如何通过自己在研究促进这种增长，这些研究领域里司空见惯的事情都不是偶然发生的，而是有科学发展模式的。这种模式就是：范式科学—常规科学—革命科学—新常规科学，表征每一阶段的核心就是"范式"，从一个阶段发展到另一个阶段必须要经历一种格式塔的转换。那么，到底什么是范式呢？或者说范式的本质究竟是什么？英国学者马斯特曼（M. Masterman）将库恩在《科学革命的结构》一书中所适用的至少21种范式的含义，于1987年撰写《再论范式》一文，将"范式"的含义诠释为科学共同体在专业领域所共识。即某一科学共同体采用基本一致的思考方法来研究同一领域的特定问题。

　　课堂观察LICC范式，其涉及三大核心要素：共同体（基本要素）、问题域（载体和保障）、解题方式（前提条件）。

　　由此便不难理解何为"课堂观察范式"了，它由三大核心要素构成：

　　（1）共同体：教师课堂观察合作体。

　　（2）问题域：课堂教学的解构。

（3）解题方式：课堂观察的程序。

一、共同体：教师课堂观察合作体

通过课堂教学的解构，让我们清楚地认识到，课堂的信息是丰富的、复杂的，对于课堂观察而言，个人能力有限，课堂观察需要合作。课堂观察不再是随意的个人行为，而是有组织、有准备、有程序的专业活动。书中指出一个合作体必须至少拥有四个元素：有主体的意愿、可分解的任务、有互惠的效益和有共享的规则（图1），是一个强调任务驱动的、持续合作的研究团队。它可以是备课组或教研组，也可以是自愿组合的。

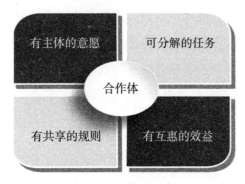

图1　合作体四元素

课堂观察不同于传统的听评课活动，它需要观察者、被观察者、学生之间开展合作，才能顺利地完成整个观察活动。然而，这种合作不是形式化的，而是基于主体的意愿、可分解的任务、互惠的效益、共享的规则等四元素的真实合作。开展课堂观察就是要建立一种基于四元素的专业合作共同体（即合作体）。具体而言，有以下三方面的理由可以验证建立课堂观察合作体的必要性。

1. 建立合作体，有助于改变教师传统的单兵作战的听评课方式

面对复杂的课堂教学中的问题，仅凭教师个体的力量难以胜任，需要群体的智慧参与，需要教师在日常工作中积极寻找并创造听评课的合作机会，抱着求同存异、尊重多元的心态，通过对话、倾听、讨论等方式，开展多样化的课

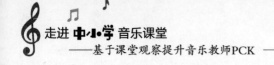

堂行为的合作研究。

2. 以合作体为组织依托，可以使课堂观察专业化

课堂观察合作体作为一种组织，不管是正式的，还是非正式的，都会对备课组、教研组的运作赋予新的意义，要求备课组、教研组成为合作体的示范性组织，并要求参与基于课堂观察的目标、任务和规则开展专业性活动，避免听评课活动流于形式。

3. 有固定的合作群体，使课堂观察更加有动力，更加持续

课堂观察对于观察者与被观察者而言，不是"突击战"，而是"持久战"，不要期望通过一两次的观察就能实现双方各自的需求，它需要双方保持一种长期的合作关系，才能获得双赢。依据群体动力学原理，一般来说，在一段时期（一个学期或一个学年），参与课堂观察合作体的人员基本是固定的，群体中个体的需求差异就会带来开展观察活动的动力，如某观察者可以持续地观察一个点，也可以不断更换观察点；观察目的可以"为我自己"，也可以"为群体中的他人"；可以一个人观察，也可以一个小组合作观察；这种需求的多样性会形成持续而有效的观察活动。

二、问题域：课堂教学的解构

明白了何为"范式"，那么LICC又是什么呢？崔允漷教授带领浙江余杭中学教师团队从实践研究中演绎出课堂有四个要素（图2）：学生学习（Learning）、教师教学（Instruction）、课程性质（Curriculum）和课堂文化（Culture），课堂观察LICC范式的命名就是基于这样的考虑。其中学生学习是课堂的核心，另外三个是影响学生学习的关键要素，图中的箭头表明各要素间的关系。然后，处于观察的需要，遵循理论的逻辑，将四个要素又划分为20个视角68个观察点（表1）。它为我们理解课堂、确定研究问题、明确观察任务提供了一张清晰的认知地图和一个实用的研究框架。

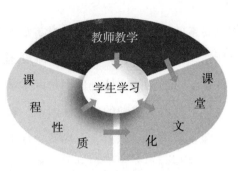

图2 课堂的解构

表1 课堂的4要素20视角

要素	视角	观察点举例
学生学习 （L）	（1）准备 （2）倾听 （3）互动 （4）自主 （5）达成	以"达成"视角为例，有三个观察点： ● 学生清楚这节课的学习目标吗？ ● 预设的目标达成有什么证据（观点、作业、表情、板演、演示）？有多少人达成？ ● 这节课生成了什么目标？效果如何？
教师教学 （I）	（1）环节 （2）呈现 （3）对话 （4）指导 （5）机智	以"环节"视角为例，有三个观察点： ●由哪些环节构成？是否围绕教学目标展开？ ●这些环节是否面向全体学生？ ●不同环节、行为、内容的时间是怎么分配的？
课程性质 （C）	（1）目标 （2）内容 （3）实施 （4）评价 （5）资源	以"内容"视角为例，有四个观察点： ●教材是如何处理的（增、删、合、立、换）？是否合理？ ●课堂中生成了哪些内容？怎样处理？ ●是否凸显了本学科的特点、思想、核心技能以及逻辑关系？ ●容量是否适合该班同学？如何满足不同学生的需求？
课堂文化 （C）	（1）思考 （2）民主 （3）创新 （4）关爱 （5）特质	以"民主"视角为例，有三个观察点： ●课堂话语（数量、时间、对象、措辞、插话）是怎么样的？ ●学生参与课堂教学活动的人数、时间怎样？课堂氛围怎样？ ●师生行为（情景设置、叫答机会、座位安排）如何？学生间的关系如何？

这样一个四维框架的形成，既有理论依据，又有实践依据。

1. 理论依据

主要是对课堂构成要素的认识，即课堂主要由学生、教师、课程及课堂文化构成。四者既各有所指，又相互关联。学生学习维度主要关注怎么学或学得怎样的问题，学生是课堂学习活动的主体，他们是课堂学习的积极参与者、主动建构者，学生的有效学习是课堂成败的决定性因素。教师教学维度主要关注怎么教的问题，教师是课堂教学的组织者、引导者、促进者，教师灵活运用各种教学资源、教学方式等教学行为在很大程度上影响着课堂教学的有效性。课程性质维度主要指的是教和学的内容是什么的问题，它是师生在课堂中共同面对的教与学的客体。三者之间，学生学习和教师教学通过课程发生联系；在整个互动、对话、交往的过程中形成了课堂文化。因此，课堂文化具有整体性，关注的是整个课堂怎么样的问题，是课堂中各要素多重对话互相交织、彼此渗透形成的一个场域。

2. 实践依据

四维框架的实践依据则是"我观察什么课"这一问题的提出。这是每一个课堂观察都必然要面对的问题。由这个问题我们可推导出：

（1）学生在课堂中是怎样学习的？是否有效？

（2）教师是如何教的？哪些主要行为是适当的？

（3）这节课是什么课？学科性表现在哪里？

（4）学生在该课堂的一节课，整体感受如何？

这四个问题恰可通过课堂观察的四维框架的使用得到回答。

上述68个观察点并不是要求每节课都需要观察68个点，它只是说明课堂是非常复杂的，充满着丰富的信息。我们通过课堂，一是为观察者开展课堂观察提供知识基础或问题基础；二是让观察者认识到个人的能力是有限的，课堂观察需要"合而作之"。

三、解题方式：课堂观察的程序

在明确了主体层面的"合作体"和内容层面的"问题域"后，范式的最后一个要素就是"解决方式"了，即课堂观察的程序。为了课堂观察的有效实

施，需要借助三个阶段的持续活动——课前会议、课中观察、课后会议。

1. 课前会议

授课教师授课，观察者提问与被观察者的进一步阐述。目的让授课教师对本节课有更深入的理解，使授课内容、过程更加完善。确定观察者的观察点，制定观察量表，选择观察工具。

2. 课中观察

观察者根据事先选择的不同观察维度、不同观察位置进行观课，可安置录音或录像设备进行记录。

3. 课后会议

（1）被观察者的课后反思。A. 目标达成情况，B. 各种教学行为的有效性，C. 预设与生成。

（2）观察者简要报告观察结果，要求简要、有证据、有回应，避免重复。

（3）结论和具体行为的改进意见。A. 成功之处，B. 个人特色，C. 存在问题：基于被观察者的特征和现有教学资源，提出明确的改进意见。

（4）被观察者要写反思报告，观察者要写观察报告。

相关资料：开展课堂观察

在课堂观察活动中，从认识、开展到展望等一系列的问题都需要解决，在沈毅、崔允漷《课堂观察走向专业的听评课》一书中已做了全面的解答。本章摘录了关于课堂观察要注意的七个技术问题，对音乐课堂观察活动极具指导意义。

开展课堂观察

一、教师如何利用课堂观察框架？

课堂观察框架将课堂分解为学生学习、教师教学、课程性质、课堂文化4个维度，每个维度由5个视角构成，例如，学生学习维度包括：准备、倾听、互动、自主、达成这5个视角，每个视角由3至5个观察点组成，合计68个点，例如，学生学习维度的达成视角就由3个观察点组成，它们分别是：

（1）学生清楚这节课的学习目标吗？

（2）预设的目标达成有什么证据（观点、作业、表情、板演、演示）？有多少人达成？

（3）这节课生成了什么目标？效果如何？

这些观察点不再以评价标准的方式出现，而是以问题的方式呈现，旨在引领教师思考某个视角的属性。

1. 课堂观察框架为教师理解课堂提供了一个支架

如果让教师描述课堂是什么，对大多数教师而言是一个很难的问题。事实上，不能描述课堂的构成，当然也就难以理解课堂，难以真正做到有效教学，难以形成自己的教学特色或风格。课堂观察框架的观察点为教师立足于"点"来思考课堂提供了支持，而68个点，20个视角，4个维度的综合又避免了"只见树木，不见森林"的问题，为教师从"面"上理解课堂提供了支持。所以，课堂观察框架从"点"和"面"出发引领教师理解课堂、反思课堂、改进课堂，提升教师教学的有效性和专业发展的品质。

2. 课堂观察框架为教师选择观察点，选择、开发观察工具提供了参照体系

我们发现，每次确定观察主题、内容时，常常令教师们颇费周折。在开展课堂观察的初期，教师们联系自己的教学实践，认真阅读观察框架中每个维度的"观察视角"和"观察点"，寻找自己感兴趣的问题，从中确定自己的观察点。在比较熟悉课堂观察后，教师根据自己的发展需要，从观察框架中寻找相关的观察维度、视角和点，设计自己的观察点。在主题式观察中，观察框架的架构体系为分析观察主题的属性提供了良好的分析思路。观察点确定后，可以根据观察框架的架构体系选择或设计观察工具，如量表、记录单、调查问卷等，选择合作观察的伙伴，商讨分工合作的观察内容，研讨双方观察的规则等。在实际的操作中，根据《课堂观察框架》选择观察点时，可以根据需要形成"一人一点，多人一点，一人多点，多人多点"的观察模式。

二、如何确定课堂观察点？

课堂是错综复杂且变化多端的，要观察到课堂里发生的每一件事是不可能的；但如果我们不知道在找寻什么，就看不到更多的东西。因此，课堂观察要求根据观察点的品质、观察目的和内容等事先确定好观察点。

1. 要根据观察点的品质——可观察、可记录、可解释来确定观察点

这是由观察的特点所决定的。我们只能观察到具体的行为表现，如师生之间的提问与应答、阐释与分辨、辅导与练习、教师移动与教学手段的运用等，而很难观察教师、学生头脑里的东西；同样，所确定的观察点还必须是可记录、可解释的，不可记录等于不可观察，不可解释等于没有观察。

2. 要根据观察者和被观察者个体的需要来确定观察点

处在不同发展阶段的教师关心的问题不同、需求不同，因而确定的课堂观察点也就不同。如教师可以根据自己需要加强的教学领域或某一方面素养来确定观察点，通过观察、研究作为自己改进的参照。实际上，观察者和被观察者的需求往往不相一致，这就需要在课前会议中通过协商决定。

3. 要根据合作体的需要来确定观察点

课堂观察合作体形成的前提之一就是有共同的合作目标，或是研究一个主题，或是形成合作体的教学风格，或是改进课堂教学的某一方面，等等。因此，在确定观察点时还要考虑围绕合作体的需要，如就当今最普遍的教研活动形式——学科教研组而言，在观察点的选择和确定上，要思考：本学科教研组近三年的课堂教学追求是什么？确定具体的发展目标之后，就需要考虑与所追求的主题最密切相关的观察点，在这基础上"设计—观察—反思—改进"，从而形成教研活动的跟进链条。

三、如何选择或自主开发课堂观察记录工具？

在复杂的课堂情境中进行课堂观察，必须借助于一定的工具才能进行有效的观察记录。关于观察记录工具，我们要思考三个问题：如何选择已有的观察记录工具？为什么还要开发新的观察记录工具？如何开发新的观察记录工具？

如何选择已有的观察记录工具？主要考虑三个因素：一是观察点，如观察提问，如果想观察"提问的数量"，则应该采用定量的观察记录工具；如果想观察"问题的认知层次"，那么应该采用定性和定量相结合的工具；再如观察"情境创设的效度"，显然应该采用定性观察记录工具。二是观察者自身的特征，如观察"学生活动创设与开展的有效性"，若想从学生参与活动的人数和态度来判断，那么在界定不同态度表现行为的基础上，采用定量的记录工具是合适的，但这要求观察者有比较好的视力、良好的反应能力、快速的判断能力。若想从活动的难度系数及学习目标达成情况来判断，那么需要记录一些教学片段中的行为、对话、情境等细节，则需要观察者有快速记录的能力和较好的记忆能力。三是观察条件，如观察"课堂对话的效果"，除了要有快速记录的能力外，还需要一些音像记录设备，否则，对话过程中的语调和神态等对话要素很可能无法记录。

为什么还要开发新的观察记录工具？已有的成熟的观察记录工具，它们在逻辑上的严密性和科学性都是经过了实践检验的。但它的局限性也是显而易见的，如与所观察的课堂的针对性不够，不同的学科具有不同的性质和要求，不同的课堂具有不同的情境，普适性太强则意味着针对性的弱化，由于使用者理论素养和实践经验的限制，往往存在着理解上的偏差、操作上的困惑、解释上的窘境，于是自主开发观察记录工具成了一种比较现实的选择。

如何开发新的观察记录工具？主要有三个阶段。

1. 分析设计阶段

首先应具体分析观察对象（内容）的要素和观察课的特征，比如观察提问，其要素就可以从"提问的数量""提问的认知层次""问题的目的指向""提问的方式""学生回答的方式""学生回答的类型""教师回答的方式"等方面分析，然后根据观察课的具体情境设计观察记录工具。

2. 试用修正阶段

观察记录工具出来后，必须检验其科学性，因此，通过试用进行修正是必要的。

3. 正式使用阶段

一般来说，教师自主开发的观察记录工具，使用起来得心应手，解释起来能自圆其说，尽管可能存在着这样或那样的问题，却能在开发的过程中很好地提高教师的理论素养、设计能力和合作研究水准。

四、进入现场观察要注意哪些问题？

对于观察者而言，进入现场要注意的问题：进入现场的时间与任务观察位置、记录方式以及观察者行为等。

观察者要在上课开始前进入现场，最好提前五分钟进入课堂，同时必须明确进入现场的观察任务以及可用的观察工具。如果没有既定的任务与可用的工具，观察者所获得的只是整体的一般印象或对某个问题的表面了解，不可能就所观察的问题做出基于数据或文字实录的深入分析，就有可能使课后会议成为各抒己见的妄议或空谈。

观察者选择有利的观察位置，对观察的顺利开展十分重要。一般而言，要按观察任务来确定观察位置，以确保能收集到真实的信息。如观察四个学生的课堂参与情况，观察者应选择离他们较近的位置，以便随时记录他们参与的时间等；如观察教师情境创设的有效性，观察者应选择便于走动的位置，可及时移动来了解具体情况。但还应注意，观察者所选定的位置在一节课内通常是固定的，应以不分散学生的注意力为宜，尽量避免与教师的课堂走动发生冲突。

观察者要如实记录你所看到的与听到的种种现象，在需要连续记录时，一般不宜当场花时间对现象进行分析或做出判断，以免影响记录的进程，或遗漏一些重要的信息。

在观察过程中，观察者的行为表现应不影响正常的课堂教学。观察者的表情不能过于丰富，应保持冷静；观察者不应着奇装异服，尤其是观察位置面对或靠近学生时；观察者不应进行不必要的走动；观察者之间不应相互讨论，发出声音，因为这些行为举动在一定程度上会引起教师或学生的注意，影响教与学的进程。

五、课堂观察记录有哪些具体的方式？

课堂观察的记录方式有很多种，应该根据具体的观察内容、观察类型，选择自己擅长的记录方式来进行观察记录。总的来说，课堂观察记录方式可分为定性的记录方式和定量的记录方式两种。

定量的记录方式是预先对课堂中的要素进行解构、分类，然后对在特定时间段内出现的类目中的行为进行记录。它主要有等级量表和分类体系等记录方式。等级量表（rating scale）指事先根据观察目的编制合理的量表，在课堂观察中，观察者依据对象的行为表现在量表上评以相应的等级。分类体系（category systems）指预先列出可能出现的行为或要观察的目标行为，在观察过程中以合适的时间间隔取样对行为进行记录。分类体系包括编码体系（如美国课堂观察研究专家弗兰德斯的互动分析分类体系）和记号体系或核查清单。在预设的单位时间内，编码体系对发生的一切行为都予以记录；记号体系或核查清单只记录不同的行为种类。

定性的记录方式是以非数字的形式呈现观察的内容，包括：

1. 描述体系

描述体系即在一定分类框架下对观察目标进行的除数字之外的各种形式的描述，是一种准结构的定性观察的记录方法；可以从这样几个角度来描述：空间、时间、环境、行动者、事件活动、行动、目标、感情等。

2. 叙述体系

叙述体系即没有预先设置的分类，对观察到的事件和行为做详细真实的文字记录，也可进行现场的主观评价。

3. 图式记录

图式记录即用位置、环境图等形式直接呈现相关信息。

4. 技术记录

技术记录即使用录音带、录像带等电子媒介对所需研究的行为事件做现场的永久性记录。

定量的记录方式和定性的记录方式可以相互补充使用。所获得的数据、信息应尽可能地反映真实的教学环境和课堂活动。

六、如何处理记录的数据？

处理记录的信息一般要经历四个步骤：统计、整理、归类、解释。观察者先要对根据观察量表所记录的信息进行统计或整理。在进行统计记录的数据时，对于一些简单的、目的单一的观察量表所收集的数据，如学生的应答方式，可以从记录中推算出一些能说明问题的百分比、频数或排序，呈现在相应的观察量表上；对于那些较为复杂的数据，如师生语言互动分析，可以通过频率和百分比的计算，绘制出可以说明问题的图表，也可以通过电脑利用Excel等电子制表软件来开发数据表，利用电脑进行数据分析，然后再根据需要由电脑绘制出不同的图表。对记录的文字材料要进行整理，按观察量表的设计意图逐条核对文字，或补充、或删减、或合并，转换成简洁明了的语言表达，真实地复原当时的课堂情境。如果是多人合作观察同一个内容，统计或整理所记录的信息应在交流、讨论的基础上对各自的信息进行必要的合并。

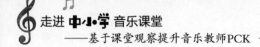

在此基础上，寻找、发现可以陈述的问题或观点，建构分析框架，对统计或整理的结果按不同的问题进行归类，把具体的事实与数字集合到相应的问题或观点中去，为下一步的解释做好准备。

解释的任务在于对发现的问题或被观察者的教学特色进行剖析与反思，对数字的具体含义与现象背后的原因及意义做出解释，并提供相应的教学建议。但必须要依据课堂实录，必须要针对此人此事此境此课，不要进行过多的经验类推或假设。

七、在整理数据进行必要的推论时应注意些什么？

根据已经收集的数据做出必要的推论是一个专业判断的过程，需要若干原则保障其合理性的实现。

要理解量表的理念和目的。量表的设计是针对观察点设置的，所收集的数据关注于点状问题的解释，它们在某些方面能进行有效的推论，但可能适用于另一方面的推论。明确了量表的设计原理，才能在推论时有的放矢。

要注意把定量和定性的方法结合起来。定量的方法在于使研究有理有据，通过前后若干次观察数据的比较，归纳出被观察者教学行为的特点。定性的方法着眼于综合观察教师的教学设计、课堂文化等要素，为被观察者提供全景式的改进性建议。两者相互补充，有助于对教师课堂行为从细节到整体的家把握。同时，要重视学生的课后反馈，将其作为行动跟进的参考。

要注意数据的信度和效度问题。由于观察是对教学自然生态的介入，而且观察者处于不同的发展阶段，秉持不同的教学观，观察数据的信度和效度不可避免地受到主客观因素的影响。观察者在运用这些数据时，要考虑到课堂观察的特性，反思自己的教学理念，将重点置于数据产生的可能原因的分析上，与被观察者对话探讨，而非简单的价值判断。

推论要基于证据，推论程度要适当。传统的听评课所做的判断、建议绝大部分是基于经验和印象的，缺乏足够的证据支撑。课堂观察强调的一个要义是"拿证据来"。推论的可靠性来源于证据，有多少证据，做多少推论，既不要拔高，也不要低估。

　　要避免一些不必要的推论。不能用一个点的观察结果来简单地推论整节课的教学效果。选取观察点秉持的是一种分析逻辑，教师某一教学特点既能够被凸显，其不足也可能会被无限放大。这些与教师个人特质、教学风格及教学情境的复杂性紧密相关，但局部的瑕疵并不妨碍其成为一堂好课。同理，用一次观察活动来评判教师的教学质量也是不足取的。课堂观察是一个连续追踪的过程，旨在促进教师专业发展。观察结果的呈现是供研讨、反思之用的，而并非对教师的终结性评价，观察者在推论时理应抱着同理心，更深入地去理解数据背后的意义。

我们的团队

　　一群对音乐教育充满情怀的热血青年，聚在一起碰撞出心灵的火花，组成了研究团队。他们来自市区、城镇、农村各区域不同级别的学校，他们将要针对从城镇到乡村、从小学到中学的不同层面音乐课堂教学状况实施研究，以音乐课堂观察为入口，展开实践研究，探究如何提升教师的专业发展。

成员与课题

一、寻找问题

记得是在2019年2月10日，大年初六，刚吃过晚饭电话便响了，耳边传来郑学智主任那熟悉的湘音："新年好啊，王恒教师，明天咱们几个朋友一起喝个早茶吧！"我即应声允诺。

隔日一早便如约来到西湖边的某茶馆，美丽的惠州西湖在阳光的映照下显得秀丽素雅，令人心神坦然。一同来到的除了郑主任和我，还有惠州市实验中学的高亮教师，惠州市第一中学谭京教师，惠州市博罗县音乐教研员张春明教师和南坛实验小学的成亚丽教师，他们都是惠州音乐教育团队教学与科研骨干力量，有着丰富的教学经验。

喝茶的欢声笑语间，高亮教师说到我市近些年年轻的音乐教师与日俱增，"95后"的教师比比皆是，他们在经过一些专业技能比赛后暴露出很多的问题，比如专业技能不够成熟和完备，缺乏教学实践经验，在实际工作中存在许多的困难等等。

"是哦！我们博罗县也发现这个问题，多数新进年轻音乐教师专业能力还不错，但是教育教学能力较弱，有些课只是简单的照本宣科，对自己所教学段课程无处下手。"张春明教师不禁感叹。

谭京教师说："嗯，确实还需要时间和科学方法来实践积淀！教师这个职业首先是要会教，得懂得教！一节课好不好，要看学生的学习是否有效。教学需要动脑子，其实不光是年轻教师，有很多老教师上课都抱着敷衍了事的态度。在教师培训方面，国家多重视对骨干教师的培训，而对年轻教师的专业成长重视程度不够。""还有个原因是因为他们没有摆正观念，欠缺相应科学的教育教学知识和方法。当然，最重要的是心态也不对。"成亚丽教师苦笑着摆了摆手。

郑主任轻轻泯了口茶："一节优质课，关系到很多方面，如何体现学生的主体地位和教师的主导是关键，要把课堂还给学生。如今教育改革，教师是推动课程改革的关键，教师的专业知识、专业技能、专业精神等都对新课改的落实有直接影响。"

我们六个人，边喝茶边热烈地谈论着。接着上面的话题又聊起现行的听评课中，存在以下诸多问题，分别列举出来。

1. 被动听课

听课教师为完成规定的教研活动任务而去听课，缺乏主动性，于此就可能产生人在课堂而心不在焉的状况，所以就出现了只偏向关注有趣、新颖、气氛热烈的课的片面观念。这样的听课观念就会造成只看了热闹，并没有关注到课堂本身的效果。

2. 无准备听课

听课教师往往没有什么准备，带着听课本和笔就进了课堂。没有预先了解和熟悉课程内容，也不了解听课班级学生的情况和授课教师的教学设计，没有明确的计划性和目的性。在听课过程中听课教师往往关注教师多一些，关注学生却很少，很多教师的注意力断断续续，选择性听课。

3. 评课存在的问题

评课中常出现无从下手的状况，听课教师泛泛而谈，想到哪里就说哪里，缺乏条理性和逻辑思维，不乏经常脱口而出"我觉得"等的主观判断措辞。对于新老教师来说，新教师相对缺乏教学经验，不知该从哪些方面进行评课，而老教师更多是对授课教师的教学进行主观的评价或者惯用的评课套话，缺少理论依据，未能为教师的专业发展提供客观和有效支持的元素，比如研究、技术、合作等。

4. 听课后没有深刻反思

传统的听评课是现在衡量一节课好坏用得最多的方式。但是话说回来，传统的听评课大多流于表面形式。评课之后，完成任务的授课教师和听课教师各回各家，大多都将课堂中发现的问题抛之脑后，到最后问题还是那个问题，课堂照旧还是那个课堂，没有起到直接促进教师教学能力提升的作用。

谈到这些问题后，大家都表示无可奈何，毕竟都是历史遗留的问题。随后，郑主任的一句问话打破了大家的窘态，在座的各位是否对"课堂观察"有所听闻？听完，我们个个面面相觑，显然对这个概念十分陌生，听评课不就是在课堂观察和观察课题么？坐在我对面的成亚丽教师倒是说记起来曾经在某地的学习中有所听闻，而我也随即打开"某度"App搜索起来——美国20世纪30年代就开始了课堂观察，发展于五六十年代，为世界其他各国研究课堂观察奠定了基础。课堂观察是一种有效的课堂评价方式，是学校组织校本教研的主要形式之一，是课堂研究广为使用的一种研究方法。课堂观察就是指研究者或观察者带着明确的目的，凭借自身感官（如眼、耳等）以及有关辅助工具（观察表、录音录像设备等）、直接或间接（主要是直接）从课堂情境中收集资料，并依据资料作相应研究的一种教育科学研究方法。

郑主任听完我的朗读会心地笑了："小伙子读得挺好！没错，随着近些年课程改革的不断深入，课堂研究的逐渐兴起，课堂观察作为研究课堂的一种方法开始受到学界的关注与中小学教师的青睐，它并不是咱们之前所说的单纯的听评课。最近我也读了华东师范大学课程与教学研究所的崔允漷教授所著的《课堂观察：走向专业的听评课》这本书，受益匪浅。课堂观察，它是从课堂情境中收集的数据是客观具象的，有别于传统的听评课，它是有针对性地来观察和分析课堂教学实施的每个要素。只不过……"

"只不过什么？"张春明教师瞪大眼睛赶忙问道。

"课堂观察现在运用于其他学科比较多，运用在音乐学科当中比较少见，我在中国知网上也只查到浙江省湖州市南浔区教育教学研究和培训中心潘剑英教师的文章《基于"课堂观察"的中小学音乐教师教学行为改进的实践》，除此之外，还真没有相关音乐学科课堂观察内容的研究。"郑主任解释道。

"是的，现实确实挺骨感的，既然课堂观察说得这么好，又如此科学，而且颠覆了传统的听评课方式，是听评课的创新，但是在音乐学科却没有过多相关研究，那我们也就无从下手，也没有相应的章法拿来实践运用了。"我接着说道，"这说明对咱们音乐学科的重视程度还远远不够啊！"

大家陷入了沉思，郑主任突然说："既然没有现成的章法，要不咱们自己做一个类似的课题研究，主题就围绕中小学音乐课堂观察的研究来做，大家感觉如何？"

还没等郑主任说完，安静的状态就被高亮教师打破了，他连声说道："可以可以！我觉得这个提议很棒！"我们其他几个教师立刻也表示赞同。顷刻间的峰回路转，仿佛让大家找到了救命稻草，瞬间眼前一亮。

我们的"课堂观察"课题研究就这样在一次茶桌上的谈笑风生中开启了申报模式！

随着课题的申报工作正式启动，课题的主持人也确定为郑学智主任，课题组成员则在以上五位教师的基础上增加了龙门县音乐教研员单和仁教师、大亚湾兼职音乐教研员叶伟玲教师、仲恺高新区第四中学的黄彩媚教师、华南师范大学附属惠阳学校李菁教师、龙门县教育局的郑安娜教师、惠东县惠东实验中学卢淑芬教师和惠州市中洲实验小学杨薇教师，课题组成员部分县（区）专职音乐教研员、中小学骨干音乐教师、惠州市音乐中心教研组成员。

兵马未动，粮草先行。为了更好地学习了解课堂观察的相关知识和做好课题申报事项，课题组所有成员随即借助网络查阅课堂观察的相关资料信息，并一起购买了崔允漷教授所著的《课堂观察：走向专业的听评课》《课堂观察：走向专业的听评课Ⅱ》《课堂观察LICC模式课例集》这几本书，我们用最原始的办法，也是效率最高的办法，做了摘抄、录入以及前期和后期的整理工作。

2019年3月14日上午，郑主任召集所有的课题组成员召开了第一次课题申报的研讨会，会议由郑主任主持，我做会议记录。

在这次会议中，大家首先学习了崔允漷教授所著《课堂观察：走向专业的听评课》这本书的重点内容，互相讨论答疑解惑。

其次，郑主任简述课题申报的国际背景、国家课改背景和区域音乐教育

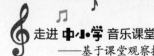

发展背景，并将国家正在大力推进和改革美育教育为依据重点，指出：有步骤地实施各种美育课程并改进课堂教学，实施准确、有效、美感的审美化教学境界，是美育课程设置与教学实践的方略问题，而我们现在所将要申报的课题就是在为改进音乐课堂的教学努力的。

最后，我们一起梳理了课题申报的具体流程，之后便长时间沉浸在"我、我们能做什么""我、我们该怎么做"的问题探讨中，大家都在努力寻找自己在课题中的角色和定位，并想着尽可能多地为课题组多出一份力！

4月2日周六上午在惠州市教科院8楼小会议室，参与讨论的有郑主任、高亮教师、单和仁教师和成亚丽教师，我继续做会议记录，他们几个在音乐教育教学理论中都有着丰富的经验，会议主要围绕申报课题的题目和课题研究实施分工展开。

其中在课题的选定中，成教师提出了一个专业的词汇——PCK，经她解释，PCK是教师教育学知识与学科知识的融合。简单的三个字母却将一个教师的能力要求囊括其中，言简意赅。

讨论过程，几位教师花了不少时间在思考如何确定课题的研究目标上。经过一个多小时的热烈讨论，最终把课题研究目标确定为"基于新课程改革的要求和前任的研究成果"，课题立足于"课堂观察"，以音乐新课标的总目标为导向，借鉴崔允漷教授提出的课堂观察LICC范式，以此来提升义务教育阶段音乐教师PCK。最重要的是将"基于课堂观察提升义务教育阶段音乐教师PCK能力的实践研究"定论为申报课题研究项目的名称。

确定了课题的名称，就有了前行的方向，确定了课题的研究目标就有了前行的路径。4月9日是一个阳光明媚的周六，课题组成员们一大早就怀着热切的心情集合在市教育局四楼会议室，这次会议的主要内容就是制定课题研究的具体实施计划和课题研究的分工布置，其中主要任务就是落实课题准备阶段的工作，郑主任在下发的分工表中要求成员各负其责，发挥团队精神，并严格按照课题的研究要求和进度安排，做好每一项工作，抓实每一个细节，高起点、严要求，边实践、边研究，争取课题研究取得丰硕的成果。

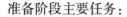

准备阶段主要任务：

（1）定期召开课题研究组会议，制订课题研究的具体实施计划。

（2）搜集资料、布置任务，积极组织课题研究。

（3）组织课题组成员进行学习培训。

其中，撰写课题开题报告和制作课题开题报告PPT主要由郑主任、单教师和成教师完成，其他的教师担任辅助工作。

经过课题组成员接近两个多月连续70多天的前期准备，课题申报工作进展顺利，最终在2019年5月经过广东省教育科学规划领导小组批准，我们的课题"基于课堂观察提升义务教育阶段音乐教师PCK能力的实践研究"被批准为广东省教育科研"十三五"规划2019年度教育科研重点项目，课题批准号2019ZQJK036，2021年5月完成课题的研究工作。

二、地域性

近几年以来，惠州市全面贯彻执行党的教育改革方针政策，制定了《惠州市中小学贯彻落实〈教育部与广东省人民政府签署学校美育改革与发展备忘录〉实施方案》，旨在提高艺术教师整体水平，构建科学的美育课程，推行艺术教育的全面发展，提高学生的艺术表现能力、创造能力、鉴赏能力和审美能力，全面提升学生感知音乐、表现音乐与人文理解的学科素养，促进学生全面发展、健康成长。

通过"基于课堂观察提升义务教育阶段音乐教师PCK能力的实践研究"课题组对惠州市中小学音乐教师的网络问卷的数据和教师访谈分析发现，惠州市虽地处改革开放的前沿，但是中小学音乐教师的音乐教育理念和区域教学研究的效能仍然存在一定问题，主要表现为：音乐教育理念的认识滞后；音乐教师的综合素养不高；音乐教学研究的效能不足；区域性教学研究水平的整体提升，亟须技术性支持。"课堂观察"正为我们提供了凭借。

课题组由来自惠州市七个县（区）的专职音乐教研员、中小学骨干音乐教师、惠州市音乐中心教研组组成，定期开展课堂观察教研活动，以培训促研究，以研究促水平，构建研训一体化。

三、学科特色

音乐学科作为美育教育中的重要学科之一，在倡导美育教育的今天，以其独特的学科内容和教育形式贯穿于学生学习成长和发展的各个环节，基础音乐教育作为美育的基本途径，以审美为核心的功效，兴趣爱好为动力，以音乐语言为媒介，通过益情、益德、益智对学生良好品德的形成和身心全面发展起着非常重要的作用。

四、研究意义

1. 应用意义

（1）创新对课堂观察LICC范式的应用反思。如今课堂观察LICC范式在全国各地实践推行，它的应用必然对教师教学能力发展有着作用。但作为一项具有技术性的观察活动，教育一线教师操作是否得心应手，是否存在一些难题，这值得实践研究。本课题虽立足于课堂观察来研究提升义务教育阶段音乐教师PCK，但它也是对课堂观察的实践性反思，有利于课题观察更好地在教育一线中应用。

（2）课题研究的研究报告、论文、课堂实录、课例集、不同音乐课型的课堂观察量表、教师的PCK成长跟踪表等，对开展课堂观察提供了具体的操作的方法和路径。

（3）为提升义务教育阶段音乐教师PCK能力提供了参考。本研究主要研究基于课堂观察提升义务教育阶段音乐教师PCK，这一研究不仅能丰富教师培训的理论，更重要的是能为教师研训活动提供参考，丰富培训实践，本研究在论证基于课堂观察提升义务教育阶段音乐教师PCK的同时，更重要的是揭示课堂观察下音乐教师教育能力发展的阻碍因素，通过分析找出原因，提出建议及策略，这就对义务阶段音乐教师能力发展培训的改进具有现实指导意义。

2. 学术意义

（1）探索出一套《基于课堂观察提升义务教育阶段音乐教师PCK能力的实践研究》的研究操作方法和策略。

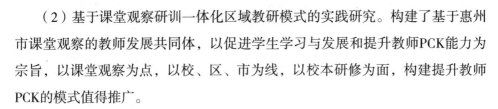

（2）基于课堂观察研训一体化区域教研模式的实践研究。构建了基于惠州市课堂观察的教师发展共同体，以促进学生学习与发展和提升教师PCK能力为宗旨，以课堂观察为点，以校、区、市为线，以校本研修为面，构建提升教师PCK的模式值得推广。

3. 对本书的重要性

《基于课堂观察提升义务教育阶段音乐教师PCK能力的实践研究》省级重点项目研究是本书编写过程中所不可或缺的环节，对本书起着先驱导向的意义。该课题研究在实践、反思和提炼的过程，其实也就是本书形成的过程，而课题所呈现的研究成果不但是对研究过程的总体回顾，也着实展现了本书的核心内容；反之，本书的编写也是对课题研究成果和研究价值的进一步推广和提升。该课题的研究成果通过研究报告、论文、课堂实录、课例集、不同音乐课型的课堂观察量表、教师的PCK成长跟踪表等形式得以展现，对本书的内容编写提供了扎实有力的理论依据和实例支撑。

基于课堂观察LICC范式下的
音乐课堂观察框架

　　课堂观察LICC范式是通过多年的研究实践结果，具有理论性、科学性和可行性。但在音乐学科的具体实践应用中，我们发现在范式中每个视角的具体观察点如何对标学科特征问题上，值得更进一步深入研究，所以我们就大胆尝试着在课堂观察LICC范式基础上重新构建其中的观察点。从几年来的研究和实践效果来看，效果很明显，音乐课堂观察成为音乐教师专业发展的有效路径，大大提高了音乐课堂质量。

音乐课堂观察框架的形成

我们决定重新构建音乐听评课的框架，从哪里入手呢？这是摆在面前的现实问题，为寻找路径，大家阅读了很多资料，最后确定，以沈毅、崔允漷团队的"LICC范式"为基准，对标音乐学科的特点，进行调整与创新，构建音乐课堂观察框架。

2019年9月20日在河源市源城区御湖国际的会议室里举行课题组研讨会议，第一次展开针对音乐课堂观察的四个维度如何对标并融入"LICC范式"中的观察视角与各观察点展开了激烈的讨论，大家对4个维度、20个视角一致认同，没有异议，这都是之前专家们研究出来的科学论断。争论的焦点落在了观察点上，有人主张沿用"LICC范式"的各观察点，理由是它是经过实践研究出来的，是通用的，符合对所有学科的课堂观察，有一定的理论依据。同样也有人提出，既然是音乐课堂观察的研究课题，就应该研究音乐课堂观察范式，这种范式一定有它存在的空间和必要性。"LICC范式"为我们指明了方向，我们有理由在音乐学科的科研课题中寻找新的音乐课堂观察范式。还有另一种意见，以"LICC范式"基准，不能搞大的变动，只是根据学科特点进行微调，观察点可以重新调整。这种意见最后被大家一致认同，定为基于课堂观察LICC范式下的"音乐课堂观察框架"

平息了争论，大伙就把焦点聚集在了观察点上，在原LICC范式的4个维度与20个视角不变的情形下，围绕音乐课堂（学科）特点开始研究各个观察点。2019年10月29日，我们团队相聚在惠州市教育科学研究院的会议室，对观察框架开始修订，主要体现在以下几个方面。

（1）在学生学习维度中，视角应对标学生的歌唱、演奏、聆听、动律、创作、合作、学习的目标达成等方面。

（2）在教师教学维度中，视角应对标教师PCK知识上，主要是教师音乐专业技能（吹、拉、弹、唱、跳）、学科知识、教师素养与教学法、教学进阶、学情研判能力等。

（3）在课程性质维度中，视角应对标音乐课堂的人文性、审美性、实践性，美育与情感教育，目标、实施与评价等。

（4）在课堂文化维度中，视角应对标课堂教学情景化（双边活动）的文化氛围，包括传递、自学、创新、引导、情境、平等、爱护等文化现象。

2019年11月，音乐课堂观察框架初具规模，4个维度，20个视角，45个观察点（在LICC范式中的68个观察点的基础上，根据音乐学科特点，整理归纳成45个观察点）。课题组在各实验学校开始实施观察活动，音乐课堂观察框架在实践中逐渐完善。

音乐课堂观察框架

维度一：学生学习（见表1）

表1　学生学习

维度	视角	观察点举例
学生学习	准备	课前准备了什么？有多少学生做了准备？怎样准备的？
		任务完成得怎样（数量、深度、正确率）？
	倾听	有多少学生倾听、观摩教师的讲课（包括范唱、演奏与表演）？倾听多长时间？理解的程度如何？有多少回应行为？
		有多少学生倾听同学的发言？能复述或用自己的话表达同学的发言吗？
	互动	有哪些互动、合作行为？有哪些行为直接针对目标的达成？
		参与答问、小组讨论的人数、时间、对象、过程、结果怎样？
		参与课堂（唱、奏、听、动、创）活动（小组、全班）的人数、时间、对象、过程、结果怎样？参与体验（唱、奏、听、动、创）时出现怎样的情感行为？
	自主	自主练习的时间有多少？有多少人以哪些形式参与？学困生的参与情况怎样？
		自主学习有序吗？学优生、学困生情况怎样？
	达成	学生清楚这节课的学习目标吗？多少人清楚？
		课中哪些证据（训练、作业、艺术认知与表达、表演）证明目标的达成？结果如何？发现哪些问题？

维度二：教师教学（见表2）

表2　教师教学

维度	视角	观察点举例
教师教学	环节	教学环节是如何构成（链锁式结构的逻辑、依据、时间分配）的？
		如何围绕教学目标开展教学各环节的？怎样促进学生学习的？
	呈现	讲解的清晰度、语言、语速、音量、结构怎样？
		范唱、范奏、媒体、板书呈现了什么？是否正确与适宜？
	对话	提问的话题与学习目标的关系怎样？问题的类型、结构、认知难度如何？提问的时机、对象、次数怎样？
		对话时间有多少？理答方式、内容怎样？
	指导	如何指导学生自主学习（读谱、读词、演唱、活动）？结果如何？
		如何指导学生合作学习（分工、讨论、展示、表现）？结果如何？
		如何指导学生探究学习（改编"作曲，舞蹈"、发展、展现、作业）？结果如何？
	机智	如何处理来自学生（情绪、故意）或情境的突发事件？结果怎样？
		教学设计有哪些能及时调整？结果怎样？

维度三：课程性质（见表3）

表3　课程性质

维度	视角	观察点举例
课程性质	目标	目标设立的依据是（课程标准、学生、教材）？
		预设的教学目标如何达成？有无生成新的学习目标？怎样处理新生成的目标？
	内容	怎样合理安排教材内容？采用哪些策略执行（增、删、换、合、立）？
		怎样凸显本学科的人文性、审美性、实践性？活动设计的直观性和情感性如何体现？
		课堂中生成了哪些内容？容量是否适当？内容是否满足全体学生？

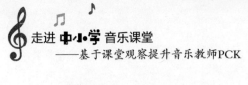

续 表

维度	视角	观察点举例
课程性质	实施	预设哪些方法（讲授、探究、活动、实践）？是否契合学习目标？创设什么样的情境？是否对标教学内容？
		教学方法是否有效？活动过程（唱、奏、听、动、创）有没有关注学习方法的正确引导？
	评价	课堂中有哪些评价信息（回答、作业、表情）？检测学习目标所采用的主要评价方式有哪些？
		利用所获得的评价信息（解释、反馈、改进建议）进行引导是否有效？
	资源	利用哪些资源（师生、教材、音频、视频、教具、多媒体）？成效如何？
		怎样利用？生成哪些资源（错误、回答、作业、作品、表现）？如何合理处理？

维度四：课堂文化（见表4）

表4 课堂文化

维度	视角	观察点举例
课堂文化	思考	怎样以问题驱动教学，怎样指导学生独立思考？怎样对待学生思考中的错误？
		学生思考的习惯、行为怎样？（时间、回答、提问、作业、笔记、人数）
	民主	教师语言（数量、时间、对象、措辞、插话）是怎样的？处理不同意见的方式？学生课堂参与情况（人数、时间、认知、结构、程度、感受）是怎样的？
		师生课堂表现如何（情境设置、互动情况、应答机会、座位安排）？师生（赏识、互动）、学生间（交流、合作）的关系如何？
	创新	教学设计、情境创设与资源利用怎样体现创新的？是否有创想？学生如何表达和对待？教师如何激发和保护？学生是否有创新？
		教学环境布置（空间安排、座位安排、教具、功能区）是怎样体现创新的？

54

维度	视角	观察点举例
课堂文化	关爱	学习目标怎样面向全体学生？怎样关注不同学生的需求？
		教师语言应用（数量、时间、对象、措辞、插话）、行为（叫答机会、座位安排）是否呈现关爱？
		音乐活动过程中教师行为是否体现或支持学生的关爱行为？
	特质	在哪些方面（环节安排、教材处理、导入、教学策略、学习指导、对话）体现出音乐学科特色？师生关系是否平等、和谐、民主？
		教师体现了哪些优势（语言、学识、技能、思维、敏感性、幽默、机智、情感、表演）？
		师生、学生关系（对话、话语、行为、结构）体现了哪些特征（平等、和谐、民主）？

音乐课堂观察的程序

　　课堂观察是一种对传统听课、评课、评教的改革实践，可以一人或多人同时对一位或多位年轻音乐教师进行短期或长期的课堂观察，需要时间的投入和教师的广泛参与，是一种观察者与被观察者双方相互学习、相互促进的课堂研究模式。音乐课堂观察的有效实施，有三个主要程序：课前会议、课中观察、课后会议。这保证了课堂观察的日常化和规范化，便于长期有效的开展，同时也保证了研究的针对性和延续性，达到提高义务教育阶段音乐教师PCK的目的。

课前会议

　　课前会议是指观察者与被观察者在上课前进行有效的商讨，其目的是让观察者更好地了解课堂内容及设计、被观察者的需求，确定有针对性的观察点，为后续的行为奠定基础，最终的目的是改善学生课堂学习效果和提高被观察者的专业发展。需要注意的是，课堂观察追求的是在自然状态下的教学研究，"磨课"不属于课前会议的范畴。课前会议一般至少提前半天开展，且时间宜控制在30分钟以内。主要围绕以下几个问题。

一、课堂内容的主题问题

　　被观察者首先要向观察者陈述本节课的主要教学内容，及其在音乐课程系统当中的关系和地位，然后说说它符合音乐课程标准的哪些规定，最后谈谈是否有对教材的二次开发与处理，教材知识以什么方式呈现，使用了哪些课程资源等。

二、学情问题，学优生与学困生的座位如何排布？

　　向观察者介绍所任教的班级学生的基本情况，如学生的学习习惯、思维特征，掌握了哪些基础知识与本节课内容相关联，班级音乐课堂氛围、上课积极性怎样，等等。另外，还要关注学优生和学困生，他们的座位是否经过特别处理，指出他们的位置分布图，谈谈这种座位编排对你的教学有什么促进作用，为观察者选择观察位置提供参考。

三、教什么？重难点在哪里？

简要说明本节课的学习目标，让观察者明白你要教什么，教学重难点在哪里，制定目标是否根据学生实际情况，是否面向全体学生，是否在音乐课程标准的指导下设置的三维目标，是否体现了音乐学科特点等。

四、课堂结构问题

介绍本节课的教学设计，让观察者了解你的教学环节和流程，知道课堂结构是怎样的，有哪些创新或困惑的地方，以便观察者的观察有针对性。

五、怎样对学生学习进行评价

阐述学生学习效果怎样？你如何了解他们是否掌握了你想让他们掌握的知识？你是如何监控学生的学习过程的？为观察者观察学习目标的达成、结构性陈述提供帮助。

六、观察者与被观察者交流

根据被观察者的陈述，观察者对仍有疑问或特别感兴趣的地方进行提问，被观察者做进一步解答，目的是让观察者更了解被观察者的设计思路和需求，进而确定自己的观察点，开发观察量表，选择观察辅助工具进行更有效的观课。

王教师与观察者的交流：

成亚丽：你这节课设计的教学重难点是什么？他们是如何解决的？

王教师：本节课的教学重点是学生能用优美自然的声音演唱《捉迷藏》这首歌曲，通过创设情境、模仿等方式让学生参与到课堂学习当中。

叶伟玲：你的教学设计符合你的什么教学理念？

王教师：本节课的设计是以聆听、模仿、表现、创编的方法去培养学生自主学习的能力，符合强调音乐实践，鼓励音乐创造这个教学理念。

七、双方商定观察点

经过交流、商议，观察者根据需要，合理分工，最终确定自己的观察点。观察点的选择必须遵循可观察、可记录、可解释的原则，必须是观察者与被观察者"想观察"和"能观察"的内容，必须尊重被观察者的需求和观察者团队合作的意愿。只有这样，才能帮助处于不同发展阶段的教师确确实实地提升自身的专业水平，这样的课堂观察才是真正有意义的课堂研究活动。

确定观察点：

经过再次商讨，观察团队确定的观察点如下：

学生学习·准备：单和仁。

学生学习·倾听：黄彩媚。

学生学习·互动：王恒。

学生学习·自主：李菁。

学生学习·达成：郑安娜。

教师教学·环节：成亚丽。

教师教学·对话：高亮。

教师教学·指导：张春明。

课堂文化·民主：叶伟玲。

课前会议阶段是将音乐学科知识与教育学知识融合的阶段，以教案的形式呈现，涉及教师教学设计能力（CK与PK的融合），从学生愿意投入到能理解的角度，重新组织音乐学科知识，重新诠释并呈现音乐作品，是音乐教师对《义务教育音乐课程标准》、学科教学知识、音乐教学法的认识和理解，是创造性、专业性的集中体现，我们称其为静态转化阶段。

课中观察

　　课中观察是课堂真实的教学情境，是将教师静态转化阶段转入教学实施与检验阶段，以学生最终获得音乐学科知识为标准，其能力表现为个人专业知识与技能的运用、对教材和课程的把控能力、课堂的组织能力、课堂上的应变机智和知识迁移能力等，我们称其为动态转化阶段。

　　课中观察是课堂观察的主体部分，是指观察者根据课前会议确定的观察点及制定的观察量表，通过笔录、摄像、录音等方式记录课堂行为，采集相关的信息资料进行研究的过程。观察者带着明确的观察任务提前进入课室，准备好观察工具，在自身选定的观察位置等待观课，迅速进入观察状态。课中所观察记录到的信息资料是课后分析报告的依据，因此要确保准确、真实，同时也要避免观察行为影响正常的课堂教学。观察者要衣着得体、沉着冷静，不宜进行不必要的走动和讨论。

一、定量观察

　　定量观察是指观察者运用观察工具（见观察量表），按预先设置的分类行为进行数据记录，收集具体的数据信息的一种观察方式。

　　如根据王教师教学设计及课前会议所介绍的内容，观察者单和仁教师选择"学生学习·准备"这个视角中"学生如何学会听音乐"这个观察点作为研究本节课的切入点，运用定量观察这种方法，设计了以下观察量表（表1）。

表1 观察量表

教学环节	类型			次数	时长	学生参与方式						备注
	伴奏	旋律	演唱			聆听	律动	跟唱	演奏	舞蹈	综合	
1. 游戏引入八分节奏				0	0							
2. 感受三拍子强弱规律				0	0							
3. 熟悉节奏歌曲			√	1	2	√						
4. 学唱歌曲	√	√	√	4	8	√	√	√	√	√	√	
5. 律动			√	1	2	√	√			√		
6. 活动	√			1	2	√	√	√				
7. 小结				0	0							
8. 下课												
小计	钢琴伴奏、旋律、演唱			7次	12分	聆听、律动、跟唱、演奏、舞蹈、综合						

二、定性观察

定性观察是指观察者根据观察纲要，收集对课堂事件的信息材料，用文字记录现场感受与领悟。通常可以从空间、时间、环境、行动者、事件活动、行动、目标、感情等角度来描述，可先使用录音录像等电子设备对所研究的行为事件做现场记录，观察结束后再用文字描述或图表呈现课堂事件，进而达到更详尽的分析。如采用定性观察《捉迷藏》这一课例，可以用以下方法去记录：

首先，从教学目标上看，这节课的授课对象是小学三年级的学生，根据学生的年龄特征和本节课的课程性质，王教师设置了三个教学目标，其中教学重点是用优美自然的声音演唱歌曲，但是在课堂观察结束后，达到这个目标的人数不多，原因是王教师分配"唱"的时间较少，导致教学重点没有解决，建议要根据教学重难点合理分配各环节的时间；其次，从教学方法上看，王教师运用了情景教学法、体验学习法等多种办法来调动学生用口、耳、手等多种器官参与到课堂学习，但是为了取得更好的效果，建议可以在教唱的过程中采用听唱法，让学生专注在"听"上面，增加聆听音乐的完整性，再通过学生的哼唱及时了解"难唱"的地方，进行有针对性的教唱；最后，从音乐课程标准的要求上看，王教师这节课的设计符合以音乐审美为核心、强调音乐实践、鼓励音乐创造等基本理念。

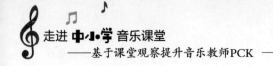

课后会议

课后会议指在观察活动结束后，观察者与被观察者针对上课情况进行有效的专业探讨、数据分析、总结反思，通过多视角、多方位寻找有效教学的教学策略，实现课堂观察的目的。持续时间视情况而定，一般至少需要30分钟。通常有三个流程：被观察者课后反思、观察者简要报告观察结果、形成几点结论和行为改进的具体建议。

一、被观察者课后反思

被观察者根据自身教学的实际情况，对课前会议所制定的目标达成度进行自我反思。主要思考以下三个问题：

1. 这节课的学习目的达成了吗？

学习目标是教师在课前所预设的目标，需要结合学生学习的知识基础积累和学习进度，同时也要结合本节课教学内容和班级学生的特点去设置，这也是检验一节课是否合格的一项准则。因此，它的设计相当重要，必须要合理、恰当，否则，教师在教学过程中所使用的策略、手段再好，也是不合理的，也很难完成。被观察者分析学习目标是否达成，应基于学生的学习表现，基于证据说明，逐一分析学习目标的达成情况。

2. 本课教学行为的有效性表现在哪些方面？

教师反思本课的教学环节设计是否合理，回顾本节课有效的教学行为。相信很多音乐教师在刚踏入教师这一行列中，在自己还是新手的时候，都有一个现象：音乐课讲得多，听得少，唱得少，把音乐课上成了中文课、历史课，或

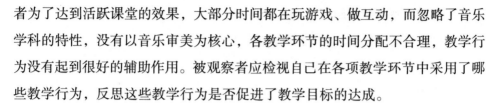

者为了达到活跃课堂的效果，大部分时间都在玩游戏、做互动，而忽略了音乐学科的特性，没有以音乐审美为核心，各教学环节的时间分配不合理，教学行为没有起到很好的辅助作用。被观察者应检视自己在各项教学环节中采用了哪些教学行为，反思这些教学行为是否促进了教学目标的达成。

3. 谈谈有无偏离自己的教案？为什么？

班级授课制下，在教学实施过程中，教师在面对不同学情、班风的班级往往会出现各种"意外"事故，教师预设的教学情境与现实课堂存在差异，被观察者需要向观察者说明是否偏离了教案，是否改变既定的教学内容与环节，并说明改变的原因。

王教师课后反思：

王教师从以下三个方面进行了课后反思。

（1）律动设计得较多，课堂气氛是很活跃，学生热情也比较高，但是对教学目标的达成没有很大的帮助。

（2）教学重点发生了偏离，学生花在互动、创编的时间较多，导致学唱的时间很少，一部分学生唱《捉迷藏》这首歌曲时的音准、音高没有唱对，学唱的完成率不太好。

（3）课堂上有些同学注意力不集中，出现走神、分心的情况没有及时发现，没有关注到每一位学生。

二、观察者简要报告观察结果

观察者围绕课前会议确定的观察点，根据自己所收集的课堂观察的信息，提出基于有效教学的改进建议与对策。因课后会议时间有限，这个流程应遵循四个原则：

1. 要简明扼要

观察者根据课堂观察到的数据，抓住核心部分说明，得出结论。

2. 要证据确凿

观察者的发言要基于课堂观察所记录的数据，针对所观察到的事例和事实有证据地进行必要推论。

3. 与被观察者要有回应

遵循平等对话原则，而非评判式的评价。

4. 避免重复

各观察者的发言应基于自身的观察点和观察数据，避免重复性的阐述。

三、形成几点结论和行为改进的具体建议

没有形成结论和提出改进建议的课堂观察仅仅只是"数据汇报"，是无法实现从静态与动态两方面的PCK这一转化的。观察者要透过数据，多角度进行深入分析，切勿仅仅将课后分析走过场摆数据，匆匆了事。当然，这也取决于观察者独特的分析视角、实践智慧和专业素养。旁观者清，当局者迷。观察者就所观察到的数据得出结论，为被观察者的行为改进提出具体建议，才能使课堂观察的影响持续发酵，才能提升教师PCK。结论主要体现在以下四个方面。

1. 成功之处

谈谈本节课的成功之处，有哪些教学行为是值得肯定的。

2. 个人特色

谈谈上课教师有什么个人特色，教学风格怎样。

3. 存在问题

基于被观察者的特征和所观察到的数据说出本节课存在的问题，这些问题应该怎么解决。

4. 改进建议

提出几点具体的改进建议，可以举出自己的做法，也可以借鉴别人的成功例子去说明。只有这样，才能促进教师之间的学习交流，提升观察者与被观察者的专业技能。

参考文献：

沈毅，崔允漷.课堂观察走向专业的听评课［M］.上海：华东师范大学出版社，2008：78-90.

构建区域一体化研究

把各个部分结合为一个整体就是我们日常说的一体化概念。全市一千多音乐教师分布在三县四区的近900所中小学校里，如何让市区、城镇、乡村等各级不同区域内的音乐教师在市、县（区）、学校各级教研部门指导下协同发展，也是我们要研究的重要内容之一。

课堂观察协同研训机制

惠州市教育科学研究院组织部分县（区）专职音乐教研员、中小学骨干音乐教师、惠州市音乐中心教研组成员组成音乐教师PCK研训组，并从市直属中小学及全市四个区、三个县所辖学区中各选出18所学校作为课堂观察的实验学校。这些实验学校分别来自市区、城镇和乡村，从学校的属性、规模、师资和学生情况上看，各不相同，非常具有代表性，定期开展课堂观察教研活动，以培训促研究，以研究促水平，构建研训一体化，见表1。

表1　课题实验学校列表

序号	区域	学校全称	学段	是否农村学校	公立还是民办学校
1	惠东县	惠东县惠东实验中学	初中	否	公立学校
2		惠东县吉隆明珠双语学校	小学	是	民办学校
3	惠阳区	华南师范大学附属惠阳学校	初中	否	公立学校
4		华南师范大学附属惠阳学校	小学	否	公立学校
5	龙门县	龙门县永汉中学	中学	是	公立学校
6		龙门县龙城第三小学	小学	否	公立学校
7	惠城区	惠州市南坛小学实验学校	小学	否	民办学校
8		惠州市中洲实验小学	小学	否	公立学校
9		惠州市第三中学	初中	否	公立学校
10	博罗县	博罗县园洲中学	初中	是	公立学校
11		博罗县罗阳第五小学	小学	否	公立学校
12		博罗县福田中心小学	小学	是	公立学校

续 表

序号	区域	学校全称	学段	是否农村学校	公立还是民办学校
13	仲恺区	惠州市仲恺高新区第四中学	初中	是	公立学校
14		惠州市仲恺高新区第四小学	小学	是	公立学校
15	大亚湾区	大亚湾澳头实验学校	初中	否	公立学校
16		大亚湾经济技术开发区西区第一小学	小学	否	公立学校
17	市直学校	惠州市实验中学附属学校	初中	否	公立学校
18		惠州一中初中部	初中	否	公立学校

在此基础上每个实验学校选取1~2名音乐教师作为研究对象（被观察者），采用量化研究与质性研究相结合的方法，利用两年时间对其音乐教学活动展开研究与分析。科学构建中小学音乐教师PCK评价体系：编制了适合义务教育阶段音乐教师PCK成长跟踪表，制定出适合音乐课堂不同课型的相关观察量表，对被观察者教师PCK来进行测量和评价，利用教师个人成长记录档案袋，对被观察者教学行为活动进行递进式跟踪观察的实践研究。另将课堂观察量表、教师PCK成长跟踪表等下发到各区（县）研究小组及各学校，为全市各级各类学校开展课堂观察提供具体的操作方法和路径。

通过《基于课堂观察提升义务教育阶段音乐教师PCK能力的实践研究》省级重点项目研究平台，广泛开展了课堂观察区域一体化实践研究，构建惠州市基于课堂观察的音乐教师发展共同体，帮助教师分析、改进教学行为，积极有效地开展教学实践研究活动，提高惠州市区域音乐的课程实施和教学质量，同时提升音乐教师PCK，有效地促进学生音乐核心素养的提升（图1）。

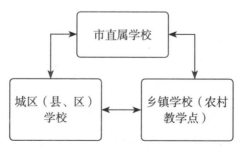

图1　各实验学校横向交流研训一体化

由惠州市教育科学研究院做好协调和统筹工作，制订研训计划，直接指导市直学校、各区（县）教研室或教师发展中心相关部门。各区（县）教研室或教师发展中心再对接各区（县）级学校与乡镇学校，实施研训计划。通过学校之间的研训、交流、学习，缩小区域之间城乡不同学校的差距，从而实现教师PCK提升发展的共同体，定期举行各类学校横向交流学习，共同提升，相互评价阶段性研训效果，促进区域一体化共同成长。

以课堂观察为点，以校、区、市为线，以校本研修为面，通过点、线、面三方面的结合，形成合力，在区域内通过研训行政机构的一体化开展全方位的教学创新活动。在这个过程中，初步形成以教师发展为愿景、以课例活动为载体、以异质开放和多层次参与为特征、以充分发挥促进者作用为保证、以区域研修文化为支撑的教师发展共同体，并以点带面地辐射到各级中小学校音乐教研组，把丰富的教学和开展课题研究的经验传授给音乐教师，有效提升教师的课堂观察经验技术和PCK（图2）。

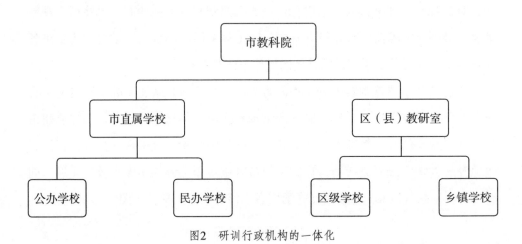

图2　研训行政机构的一体化

通过课堂观察模式在中小学音乐课堂中的实践，构建惠州市基于课堂观察的音乐教师发展共同体：教师研究实践中相互交流，研训一体化，使其转变教学理念，丰富教学方法及教学手段，拓展教学思路，形成合力，能运用课例研究，对教师教学行为活动进行递进式跟踪观察的实践研究，以帮助教师分析、改进教学行为，通过有针对性的课例研究，对音乐教师教学行动环的跟踪观察，实践→经验积累→反思→研究→再实践→再经验积累→再反思，在具体课例观察中，对每位被观察教师进行周期性的跟踪观察，每个周期不少于三次，每次设计出不同的课堂观察量化表，从数据上进行教学分析，找出影响教学效果的原因，作为改进教学行为的依据，并形成课堂观察跟踪表，为下一次观察活动提供对比参数。在不断的实践中稳步掌握课堂观察的技术，培养教师对CK与PK的融合能力及课后教师的反思和重建能力。

通过课堂观察区域一体化研训机制的研究，构建惠州市基于课堂观察的教师发展共同体，教师研究实践中相互交流，形成区域研训一体化，转变音乐教师课堂观察理念和教学理念，丰富教学方法及教学手段，拓展教学思路，有效完成PK与CK的融合，提升音乐教师PCK。PCK的提升和完备是新时代对教师的新要求，而作为中小学音乐教师，则更加义无反顾。构建区域研训一体化的创新课堂观察模式为音乐教师发展提供高效可操作的课堂观察实践经验，是提高音乐教师PCK的重要方法与途径。所以，结合本地区音乐教育与教师现状实际，积极探索区域一体化研训模式，将有效促进中小学音乐教师PCK的提高和音乐教育教学的可持续性发展。

我们的音乐课堂
观察活动

我们的课堂观察活动始终贯穿于这两年的研究与实践当中，课题组的每个成员在每次的观察活动中都有着不同层次的觉醒与进步，课堂观察活动也逐渐变得越来越有条理，越来越有经验。在此选取其中的三次活动进行描述分享。

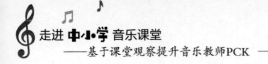

齐聚博罗，首战告捷

时间：2019年11月28—30日。

主题：运用PCK观课议课模式进行音乐学科课堂观察活动。

地点：博罗县园洲东江广雅学校、福田中心学校、罗阳第五小学。

授课教师：田嘉宝、欧瑞虹。

2019年11月28—30日，课题组成员集中在博罗县园洲东江广雅学校、福田中心学校、罗阳第五小学进行了为期三天的运用PCK观课议课模式进行音乐学科课堂观察活动。被观察者分别是福田中心小学的田嘉宝教师、罗阳五小的欧瑞虹教师。

流程：课前会议（被观察者说课—观察者进行交流）—课中观察—课后会议—观察报告的形成。

❖ 课前会议 ❖

被观察者在课前会议上先说课题课型、学习目标、教学流程、想法等（图1），观察者进行交流，确定观察点（尽量不重复，从不同的角度进行观察），然后再根据观察点确定观课的位置，观课结束后的会议，每个观察者根据自己设计的观察表分享记录的数据及简单分析数据对应的问题，最后形成完整的观察报告。

图1　被观察者在课前会议上研究讨论

　　以下是课题组教师们的观察量表分工，分别从学生学习、教师教学、课堂性质、课堂文化四个维度全方面进行观察。

观察量表分工

一、学生学习

　　观察维度：观察者们选择的课堂观察工具，见表1~表5。

表1　准备（单和仁教师）

准备	课前准备了什么？有多少学生做了准备？
	怎样准备的？（指导、独立、合作）学优生、学困生的准备习惯怎样？
	任务完成得怎样？（数量、深度、正确率）

表2　倾听（黄彩媚教师）

倾听	有多少学生倾听教师的讲课？（包括范唱、范奏）倾听多长时间？
	有多少学生倾听同学的发言？能复述或用自己的话表达同学的发言吗？
	倾听时，学生有哪些辅助行为？（记笔记、查阅、回应）多少学生有这些行为？

表3 互动（王恒教师）

	有哪些互动、合作行为？有哪些行为直接针对目标的达成？
	参与提问、回答的人数、时间、对象、过程、结果怎样？
互动	参与小组讨论的人数、时间、对象、过程、结果怎样？
	参与课堂活动（小组、全班）的人数、时间、对象、过程、结果怎样？
	互动、合作习惯怎样？出现了怎样的情感行为？

表4 自主（李菁教师）

	自主学习的时间有多少？有多少人参与？学困生的参与情况怎样？
自主	自主学习形式（探究、记笔记、阅读、思考、练习）有哪些？各有多少人？
	自主学习有序吗？学优生、学困生情况怎样？

表5 达成（郑安娜教师）

	学生清楚这节课的学习目标吗？多少人清楚？
达成	课中哪些证据（观点、作业、表情、表演）证明目标的达成？
	课后抽测有多少人达成目标？发现了哪些问题？

二、教师教学

观察维度：观察者们选择的课堂观察工具，见表6~表10。

表6 环节（成亚丽教师）

	教学环节是怎样构成（依据、逻辑关系、时间分配）的？
环节	教学环节是怎样围绕目标展开的？怎样促进学生学习的？
	有哪些证据（活动、衔接、步骤、创意）证明该教学设计是有特色的？

表7 呈现（叶伟玲教师）

	讲解效度（清晰、结构、契合主题、简洁、语速、音量、节奏）怎样？有哪些辅助行为？
呈现	范唱、范奏、表演、板书呈现了什么？怎样促进学生学习？
	媒体呈现了什么？怎样呈现的？是否适当？
	动作（示范动作）呈现什么了？怎样呈现的？体现了哪些规范？

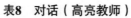

表8　对话（高亮教师）

对话	提问的时机、对象、次数和问题的类型、结构、认知难度怎样？
	候答时间多少？理答方式、内容怎样？有哪些辅助方式？
	有哪些话题？话题与学习目标的关系怎样？

表9　指导（张春明教师）

指导	怎样指导学生自主学习？（视唱、读词、练习、活动）结果怎样？
	怎样指导学生合作学习？（分工、讨论、活动、作业）结果怎样？
	怎样指导学生探究学习？（编导、课题研究、作曲）结果怎样？

表10　机智（单和仁教师）

机智	教学设计有哪些调整？结果怎样？
	如何处理来自学生或情境的突发事件？
	呈现哪些非言语行为？（表情、移动、体态语、沉默）结果怎样？

三、课堂性质

观察维度：观察者们选择的课堂观察工具，见表11~表15。

表11　目标（黄彩媚教师）

目标	预设的教学目标是怎样呈现的？目标陈述体现了哪些规范？
	目标的根据是什么（课程标准、学生、教材）？适合该班学生的水平吗？
	课堂有无生成新的学习目标？怎样处理新生成的目标？

表12　内容（王恒教师）

内容	怎样处理教材的？采用了哪些策略？（增、删、换、合、立）
	怎样凸显本学科的特点、思想、核心技能以及逻辑关系？
	容量适合该班学生吗？如何满足不同学生的需求？
	课堂中生成了哪些内容？怎样处理的？

表13　实施（李菁教师）

实施	预设哪些方法？（讲授、讨论、活动、探究）与学习目标适合度怎样？
	怎样体现本学科特点？有没有关注学习方法的指导？
	创设什么样的情境？结果怎样？

表14 评价（郑安娜教师）

评价	检测学习目标所采用的主要评价方式有哪些？
	如何获取教、学过程中的评价信息？（回答、作业、表情）
	如何利用所获得的评价信息？（解释、反馈、改进建议）

表15 资源（成亚丽教师）

资源	预设哪些资源？（师生、文本、音、视频、实验、多媒体）
	怎样利用？生成哪些资源？（错误、回答、作业、作品、表现）怎样利用？
	向学生推荐哪些课外资源？可得到程度怎样？

四、课堂文化

观察维度：观察者们选择的课堂观察工具，见表16~表18。

表16 创新（高亮教师）

创新	教学设计、情境创设与资源利用怎样体现创新的？
	课堂有哪些奇思妙想？学生如何表达和对待？教师如何激发和保护？
	课堂环境布置（空间安排、座位安排、板报、功能区）怎样体现创新的？
	课堂、班级规则中有哪些条目体现或支持学生的创新行为？

表17 关爱（张春明教师）

关爱	学习目标怎样面向全体学生？怎样关注不同学生的需求？
	怎样关注特殊（学习困难"五音不全的"、残障、疾病）学生的学习需求？
	课堂话语（数量、时间、对象、措辞、插话）、行为（叫答机会、座位安排）怎样？
	课堂、班级规则中有哪些条目体现或支持学生的关爱行为？

表18 特质（单和仁教师）

特质	在哪些方面（环节安排、教材处理、导入、教学策略、学习指导、对话）体现了特色？
	教师体现了哪些优势？（语言、学识、技能、思维、敏感性、幽默、机智、情感、表演）
	师生、学生关系（对话、话语、行为、结构）体现了哪些特征？（平等、和谐、民主）

❖ 课中观察 ❖

田嘉宝教师的音乐课堂，如图2所示。

图2 课中观察

1. 观察工具

观察量化表，摄像机一台。

2. 观察位置的选择

观察者选择合适的观察位置，见表19。

表19 观察位置的选择

教师							
李菁			摄像机				高亮
黄彩媚							单和仁
		学生			学生		
			王恒				
叶伟玲		成亚丽				张春明	

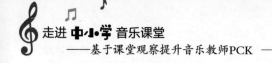

3. 观察过程

课前：观察者于上课前进入教室就座。

课中：观察教师根据自己开发的量表进行观察记录。

课后：单和仁、高亮、成亚丽教师了解学生对这节课的感受及知识掌握程度。

◈ 课后会议 ◈

（一）授课教师课后反思

田嘉宝教师进行课后反思，她对自己的这节课不是很满意，她觉得课程的律动没有达成目标；音准、音高没有掌握，歌曲没有掌握；没有及时关注学生。

（二）观察者分析

观察者对这节课进行了简单而概括的分析，比如：

1. 高亮：教师教学·对话、创新

对话24次，个别对话过长，导致课堂内容仓促，对话语言组织可以更加灵活。教师的评价语言要真诚多样，要善于调动学生；教师多从正面激励学生，保护和激励学生的学习主动性和积极性，以形成积极向上的情感。

2. 郑安娜：学生学习·达成

学生通过节奏游戏解决歌曲的难点，以一问一答互动形式学习歌曲，让学生在玩中学，感受音乐的快乐。学生行为表现比较单一，提问、集体演唱和教师教唱比较多，个别提问和学生自我展示机会少，忽略学生自主学习能力，特别是在完整聆听音乐环节和歌曲教唱的环节中，由于学生安静聆听音乐次数少，导致学生不能准确地演唱歌曲，而且在学唱歌曲过程中，教师指挥不到位，学生对作品的演唱要求不是很清晰，所以从学生最后集体演唱检测中，只有70%的学生能跟随音乐边唱边表演。因此，学生学习中的第二个教学目标完成度不高。

3. 张春明：教师教学·指导

田教师在"课堂文化之关爱"的观察视角中表现的内容不太多，整节课是在互动体验中完成的，大部分的互动活动都是全班性质的，评价也是针对全班同学，没有关注到个别接受能力较弱的同学，音高、速度、情感的掌握不太理想，以致上完课学生对作品熟悉度不高。教师在歌唱课的教学实施中，在关注到整个班的纪律和学习气氛的同时，还应该时刻关注那些情绪和学习状态不佳的同学，提升课堂随机应变能力，多通过语言和动作来鼓励这些同学，优化整个音乐课堂。

4. 成亚丽：教师教学·环节

整节课教学时间37分钟。导入用时12分钟，教唱用时12分钟，创编用时9分钟，小结用时4分钟。建议导入控制在5~7分钟，小结控制在2分钟，节省出的时间用于教唱和创编环节。

建议教师在每个教学环节上的教学方法进行改善，例如：导入环节教师不要哼唱，让学生在律动中专注于聆听音乐；教唱环节让学生先完整聆听一遍范唱，用听唱法学唱，仔细聆听学生的跟唱找出难点进行解决，当学生能准确完整演唱歌曲时，再处理情感和音色；在创编环节可以再多些引导，让学生大胆多元进行创编，可分组进行表演。小结部分给予有效的解决问题进行情感升华，从而达成教学目标。

5. 王恒：学生学习·互动

课堂上，田教师共提出了5个大方向的问题，主要是围绕拍号和歌曲四季的内容，这也是围绕本节课所教歌曲的主要内容：在课堂中，互动和合作行为是课堂进行的主线，教师的教学活动也是通过音乐互动实践活动展开的，一共有15个左右的互动合作活动；在互动合作中，通过听、看等模仿活动达到8个之多，歌唱学唱活动4个，复习实践活动1个。从此可知，课堂的大部分活动都是围绕3拍子的节奏律动上。课堂气氛非常好，同学们沉浸在欢乐的课堂中。

田教师在互动合作的创设上下了很大的精力，同学们也在这些活动中感受到了3拍子的节奏律动，但是稍显呆板，同学们大部分都没有感受到歌曲3拍子带来的起伏荡漾的美感；第二点比较重要，本节课是歌唱课，但是歌曲学唱的环节并不多，设计的学唱时间不够，导致了全班只有60%的同学会唱，还有一部分同学不会唱或者对旋律歌词不熟悉。建议在课堂的设计上可以缩短律动的互动活动，多增加学唱和演唱体验的环节。

6. 黄彩媚：学生学习·倾听

用心倾听的学生还是占大多数比例，学生出现走神的时候教师没有注意到，以致影响了身边专注的学生。建议关注每一位学生，及时调动课堂气氛。环节时间过长时，学生难免会有注意力不集中的情况，借助多媒体、创设情境，及时发现学生注意力的走向，教师的语速、提问的技巧等都是激发学生认真倾听的兴奋点，应尽可能让学生处于积极主动的学习状态。

（三）观察形成的结论

（1）田嘉宝教师能按照课程标准和教学内容的体系进行有序教学，教学环节条理清晰，布局合理，课件制作较为新颖。

（2）田嘉宝教师通过节奏游戏解决歌曲的难点，以一问一答互动形式学习歌曲，让学生在玩中学，感受音乐的快乐。

（3）建议教师在时间安排上节省导入和小结的时间，创编和教唱分配多一点时间，如律动导入部分，教师不要唱，让学生在律动中专注地听歌曲伴奏音乐，充分地感受歌曲的旋律；学生在听辨出教师的节奏顺序时，可在黑板上打乱顺序摆放四张节奏卡纸，让学生排序，而不是每人发四张小纸条，这样既节约成本，又节省精力，黑板上呈现出排好的节奏顺序一目了然；在教唱环节，建议先完整聆听范唱，二次完整聆听时可轻声跟唱，教师注意观察学生的难点乐句，再进行有针对性的教唱。当学生能够准确唱出歌曲时，再来处理情感和音色；在创编环节，教师充分引导学生发散性思维进行大胆想象，进行创编，可分组创编表演；小结部分给予有效的解决问题进行情感升华，从而达成教学目标。让学生多专注聆听音乐；增强学生自主学习的能力，多给学生展示的机会。

（4）多关注和激励学生。教师的语速、提问的技巧等都是激发学生认真倾听的兴奋点，尽可能让学生处于积极主动的学习状态。教师的评价语言要真诚多样，要善于调动学生。教师的课堂评价语言是一门艺术，它植根于深厚的教学功底、良好的口语素养和正确的教学理念。个性化、灵活化、多样化的评价语言是激发学生个体潜能发挥的重要因素。

（四）观察报告

以下是成亚丽教师的观察报告：

《捉迷藏》观察报告

任教教师：福田中心小学田嘉宝。

授课时间：2019年11月28日下午第二节课。

研究问题：教师教学·环节。

分析报告：教师与学生对话交流的有效性。

报告人：惠州市南坛小学实验学校成亚丽。

一、教学环节的适切性

根据田教师的教学设计和说课，在教学环节上田教师进行了精心的设计。但由于这些环节的逻辑性比较强，教学要求比较高，如何在课堂上进行有效地落实，促进学生的学习最终达成本节课的教学目标，成为非常关注的问题。因此，我们选择将此教学环节的设计是否有利于促进教学目标的达成作为观察点。

二、观察表及观察结果说明

从本节课的教学设计看，整节课可以分为四个环节。除了教学内容与环节的设计外，课堂上教学环节时间的分配、教师的教学互动，以及学生的学习活动，也是教学目标能否达成的重要因素，同时目标的达成度也需要通过课堂的实际情况进行反馈与分析。

三、观察表及结果（见表20）

表20　观察表及结果

计时	教学环节	环节内容	时间分配	教师活动	学生活动	目标达成反馈	建议
10：23	一导入	节奏导入	3分钟	教师用碰铃敲，依次敲出歌曲节奏	学生模仿	学生能够准确模仿出教师所给出的节奏	不唱只听拍
10：26			2分钟	敲击木鱼让学生听辨节奏	学生听辨节奏，找出相应的节奏卡片	学生能够准确听辨节奏，并找出相应的节奏卡片（学生人手四张节奏纸条）	可以把节奏卡片依次呈现在黑板上完整敲打一次，可以做大的节奏卡片，打乱顺序贴在黑板上让学生排序，减少工作量，可节约纸张
10：28			2分钟	师生边拍手边哼唱旋律	跟着音乐拍手哼唱旋律	哼唱旋律音不准	只拍手听不唱，感知音乐旋律
10：30		律动	5分钟	1. 让学生听想 2. 让学生演示自己设计的律动 3. 选6人示范	1. 学生听想 2. 学生自己演示创编的三拍子律动 3. 6名学生上台表演自己创编的律动	积极主动创编律动	1. 台上学生示范，台下学生可以选一位自己喜欢的同学跟着模仿 2. 律动应渗透到歌曲中，长音时值应唱够
10：35	二教唱	初听主歌部分范唱	1分钟	聆听	聆听	教唱环节条理不清晰，没有真正解决音准以及节奏和情绪的问题	只听了主歌部分，初次聆听范唱最好完整聆听

续　表

计时	教学环节	环节内容	时间分配	教师活动	学生活动	目标达成反馈	建议
10：36	二教唱	教唱歌曲	1分钟	1.弹琴一句谱一教 2.唱词一句一教	1.一句一学唱谱 2.一句一学唱词		可用听唱法，难点乐句再细讲
10：37		初听副歌部分范唱	2分钟	1.唱着问 2.为主歌部分编创动作 3.选出学生们编的动作	1.唱着答 2.开始编创 3.集体跟教师做动作		1.设计亮点 2.编创可让学生展示，或分组创编展示而不是教师总结动作集体做
10：40		完整聆听歌曲	2分钟	放范唱	聆听范唱		
10：42		教唱歌曲	4分钟	弹琴教唱，一句一教，中间停顿处理声音	学唱歌曲（没有发书，看课件）		建议发教材给学生
10：46			2分钟	带学生清唱	清唱歌曲（1遍）	目标达成率50%能够流畅演唱，但欠缺情绪和节奏、音准的准确率	建议跟琴或音乐伴奏演唱
				弹琴伴奏	跟琴唱（1遍）		

续表

计时	教学环节	环节内容	时间分配	教师活动	学生活动	目标达成反馈	建议
10∶49	三创编表演	用打击乐器伴奏	9分钟	学生上台分配乐器	3人上台表演，其他人在座位上演唱		没有音乐伴奏
10∶56	四小结	复习	4分钟	设问：还学过什么四季的歌	1.回答：《四季童趣》 2.演唱《四季童趣》	没有升华到热爱大自然的层面，目标达成率30%	按照教学目标3完成教学

四、观察结果分析及教学建议

1. 从教学环节来看

条理清晰，但每个环节却没有起到相应的作用和深度。节奏律动环节没有给学生创造安静的聆听环境，让学生在律动中感知音乐，而是伴随着教师和学生的哼唱反而模糊了旋律；在教唱环节没有按教学设计里的听唱法，而是分段教唱法进行教学，第一次聆听范唱也没有完整聆听，而是分段聆听学唱，缺少对歌曲的完整感知，教唱环节从视谱唱到学唱歌词，都是师一句生一句，但又不是一个完整的乐句，歌曲在学生脑海中碎片化；在视谱教唱中插入处理情感，也是蜻蜓点水，最后虽然做到每个环节都走到，却缺乏严谨和深度，导致学生对歌曲的演唱无论从音准、节奏、情感、音色的把握上都变得一知半解；在创编环节，没有大胆给学生创编表现的机会，缺少更发散的思维引导。

2. 从教学环节时间分配来看

导入用时12分钟，教唱用时12分钟，创编用时9分钟，小结用时4分钟。建议导入时间缩短控制在5~7分钟，教唱环节根据学生学唱的实际情况进行时间分配（学唱、难点解决、情感、音色处理），小结可控制在2分钟内，节约下来的时间用于创编。

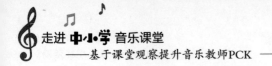

金秋季节，硕果累累

时间：2020年10月20日星期二。

主题：惠州市初中音乐优秀教师"三送"（惠东站）活动暨课题组教师送教研讨活动。

地点：惠东县铁涌中学。

授课教师：黄彩媚、李菁（上午）。

讲座：高亮（下午）。

这是一个丰收的季节，放眼望去，都是整片整片的金黄，稻穗沉甸甸的，向我们诉说着收获，承载着农人一年的寄托与梦想。隔着车窗也感受到了这份喜悦，顿时想起了我们为参加这次活动所做的准备。课题组从第一次研讨会议到现在已经是一年半的时间了，我们从刚开始的茫然，到现在的释然，通过一次次的会议、听课、议课、课后总结，每次都有新的收获，每次都在进步，每个人都在成长。

课题组成员陆续到达铁涌中学，上午是黄彩媚教师和李菁教师的课。按照惯例，我们先召开课前会议，由课题主持人郑学智主持。郑教师先检查了我们各自做的观察表，然后听两位授课教师讲述本次的课程设计。接着大家就进入教室，按照自己设计的观察点选择观察位置。在此以黄彩媚教师的课为例进行分享。

❖ 课中观察 ❖

1. 观察工具

观察量化表，摄像机一台。

2. 观察位置的选择

观察者选择合适的观察位置（见表1）。

表1 观察位置的选择

教师						
谭京						杨薇
叶伟玲			过道			
	学生			学生		
						高亮
		王恒	摄像机	卢淑芬		

3. 观察过程

课前：观察者于上课前进入课室就座。

课中：观察教师根据自己设计的量表进行观察记录。

课后：谭京、王恒、卢淑芬教师议课，了解学生对这节课的感受及知识掌握程度。

观课是非常有意思的，不能有丝毫的松懈，因为只要注意力稍微不集中，要记录的点就会错过。而传统的听课记录，都是按照规定的模式记录着差不多的话语，一节课听下来，听课者只有一个笼统的评价，不能真正分析出这节课所包含的数据。

评课更有意思，因为我们每个人选择的观察点不同，所以我们的观察结果都是各有千秋，但是最后的观察结果汇总到一起，基本反映出一节课最真实的数据。全部用数据来说明问题，没有主观评判。

❖ 课后会议 ❖

（一）授课教师课后反思

黄彩媚教师课后反思，她觉得自己过于紧张，对一些环节的设计也不是很满意，导致二声部的教学没有达成目标。

（二）观察者分析

观察者对这节课进行了简单而概括的分析，如下：

1. 谭京：学生学习·互动

我选择的维度是学生学习，视角是互动，观察点是：参与课堂活动（小组、全班）的人数、时间、对象、过程、结果。黄彩媚教师通过五个步骤来完成教学，主要是围绕发声的基础训练，通过对比、听辨、体会、模仿等方法来实现。互动与合作是课堂的主线。师生的教学互动一共有15次，包括齐唱1次，对比听辨1次，气息活动2次，练声活动2次，节奏2次，视唱活动3次，唱歌词2次，二声部合唱2次。15次里面，二声部合唱活动只有2次，其余活动有13次，其余的活动都属于歌唱基础训练，而课题为合唱基础训练。要体现"合唱"主题，显然2次二声部合唱活动是远远不够的。建议可以在二声部教学环节多设计几个不同的活动，可以采用小组组合的方法，也可以现场挑出几个演唱得好的同学进行二声部的合唱展示。通过加大合唱教学的时间与互动的次数，把这节课的重点难点突出并解决，此节课就会很完美了。

2. 王恒：学生学习·互动

我选择的维度也是学生学习，视角也是互动，但是跟谭京教师的观察点不同，我是从："有哪些互动行为？""有哪些行为直接转对目标的达成？"这两个观察点进行观察的。互动活动共有14次，其中师生互动11次，生生互动3次。针对目标达成的互动活动有10次，未达成活动4次。本节课设计为合唱课，互动活动贯穿于整个课堂教学中，从活动的安排分配在看，相对比较合理，互动活动师生配合度较高，课堂气氛融洽。因学生的音乐基础薄弱和教师对学情把握不准确，导致二声部合唱之一教学目标未较好地达成。所以在设计这个互动活动时，要清楚地知道教学重点和难点如何完成，要在课前做好学情分析的前提下做好教学设计，使得教学内容合理化，客观化。要充分考虑课堂环境可能出现的各种学习突发状况，提前做好教学预设内容，以便及时调整和改善教学措施，使课堂教学更加高效。

3. 卢淑芬：教师教学·呈现

本节课教师在教学中呈现了合唱概念、如何表现音乐、怎样保持唱歌的状态、练声曲、二声部简谱等，这些辅助行为对学生掌握学习重点有促进作用，学生们通过音频、教师范唱初步建立了合唱的概念，通过连音练声曲学习了如何发出圆润、连贯的声音，通过跳音练声曲学习了如何发出短促、有弹性的声音。

（三）观察形成的结论

课题主持人郑学智主任做评课议课总结：

（1）本节课设计为合唱课，互动活动贯穿于整个课堂教学中，从活动的安排分配来看，相对比较合理，互动活动师生配合度较高，课堂气氛融洽。

（2）由于对所教学生的学情分析不够，导致无法在原本设计的互动次数和时间内很好地完成教学目标。

（3）选择的教学内容很好，是当前比较红的歌曲，歌曲旋律朗朗上口，教师把控课堂气氛的能力也较强。

（四）观察报告

《你笑起来真好看》观察报告

任教教师：黄彩媚。

授课时间：2020年10月20日9：30—10：15。

授课地点：惠东县铁涌中学。

研究问题：学生学习·互动。

分析报告：学生学习互动有哪些互动行为？有哪些行为直接转对目标的达成？

报告人：惠州市第三中学王恒。

一、观察点选点说明

互动行为是实现以学生为主体的重要手段。实现以学生为主体，就要让课堂活起来，让学生动起来。通过多边的互动，让学生成为学习的主人。从互动的对象看，有师生互动，生生互动，学习个体与教学中介的互动，人与环境的互动；从互动的形态看，有行为的互动，语言的互动，思维的互动，情感的互动；从互动的组织形式看，有同桌的互动，小组的互动，班集体的互动。一切的互动，形成了多边的、主体的、动态的活动。

二、观察表及观察结果说明

影响互动的因素，主要有什么环节？有什么类型的互动？参加人数？效果如何？是否针对目标达成。本节课的主要环节有导入、教唱歌曲、观看视频、小结等，这些也是本节课可观察到互动的重要部分。本节课通过观看视频、带唱、跟琴伴奏等方式展开互动教学，次数和时长都不一样。学生参与的方式有聆听、伴奏、感受体验音乐等方式，这些共同构成了本观察点的观察指标。

根据以上分析，本人设计了课堂观察量表（表2），得到了相关的观察结果。

表2　课堂观察量表

量表设计：王恒						
观察维度：学生学习				观察视角：互动		
观察点：有哪些互动、合作行为？有哪些行为直接针对目标的达成？						
课题	《你笑起来真好看》	学校	惠东县铁涌中学	班级	七年级	被观察教师	黄彩媚
互动类型					结果	
排序	教学环节	师生互动	生生互动	其他互动	参加人数	是否针对目标达成
1		师生问好			全班	达成
2	导入	齐唱《你笑起来真好看》			全班	达成
3	合唱教学	通过提问引导了解合唱及声部概念	朗读"合唱"概念		全班	达成
4		引导什么是表现音乐				达成

续 表

排序	教学环节	师生互动	生生互动	其他互动	参加人数	是否针对目标达成
5		师示范、对比表现音乐的状态并提问			18	达成
6		通过吹气球引导提问正确的呼吸状态			30	达成
7		通过气球示范歌唱用气的正确方式			20	达成
8		S气声练习 yūlū三度发声练习			全班	效果一般，用时5分钟，未达成
9		节奏训练			全班	达成
10		带唱旋律和二声部4次			全班	慢到快，达成
11			齐唱5次		全班	效果好，达成
12		师生分声部配合演唱			全班	未达成
13			声部配合演唱		全班	二声部比重不够，未达成
14			带律动、声部和伴奏合唱		全班	略显仓促，未达成
总体印象	本节课贯穿于丰富的互动活动中，主要围绕二声部合唱教学进行，课堂气氛轻松活跃，师生配合度高。因学生的音乐基础薄弱和教师对学情把握不准确，导致教学目标未能较好地达成。					

三、观察结果分析及教学建议

这节课互动活动共有14次，其中师生互动11次，生生互动3次。互动活动贯穿于整节课，针对目标达成的活动有10次，未达成活动4次。

本节课设计为合唱课，互动活动贯穿于整节课的教学中，从活动的安排分配看，相对较合理，互动活动师生配合度较高，课堂气氛融洽。在课堂教学内容上黄教师以一首网络名曲《你笑起来真好看》来开展二声部合唱教学。《你笑起来真好看》旋律优美，节奏活泼，符合七年级学生的聆听习惯和审美特点。因本曲传唱度较高，教学开始时，黄教师直接让学生跟着伴奏齐唱本曲，点燃了同学们的歌唱热情；接着黄教师通过一些简单的问句让学生了解如何正确地表现音乐，以及用吹气球的例子引导学生学习和体会歌唱的呼吸方法；在体会气息和练声环节中，有30%的同学没有跟上练声曲的节奏，练习时声音稀稀拉拉；为了能让学生掌握二声部节奏和旋律，黄教师从慢到快，从简到繁地教学，创设了师生二声部配合游戏和学生分组二声部配合游戏，反复引导学生学习，单独演唱第二声部的时候学生基本能够跟着教师模仿出来，但是在之后两个声部合起来演唱时，效果并不理想。

本节课主要围绕二声部合唱教学进行，课堂气氛轻松活跃，师生配合度高。但是对学生的音乐基础薄弱这一学情把握不准确，导致教学目标未能较好地达成，所以在今后的教学中，教师应该在课前做好学情分析的前提下做好教学设计，使得教学内容合理化、客观化。教学设计时应充分考虑课堂环境可能出现的各种突发状况，提前做好教学预设内容，以便及时调整和改善教学措施，使课堂教学更加高效。

《合唱基础训练》观察报告

任教教师：黄彩媚。

授课时间：2020年10月20日9：30—10：15。

授课地点：惠东县铁涌中学。

研究问题：教师教学·呈现。

分析报告：讲解效度，有哪些辅助行为，课堂中呈现了什么？

报告人：惠东县惠东实验中学卢淑芬。

一、观察点选点说明

这节课，黄教师进行的是二声部合唱基础训练课，这对音乐基础知识与技能、合唱概念较薄弱的农村学校来说，是比较困难的。因此，我选择"教师教

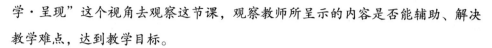

学·呈现"这个视角去观察这节课,观察教师所呈示的内容是否能辅助、解决教学难点,达到教学目标。

二、观察表及观察结果说明

根据以上分析,本人设计了课堂观察量表(见表3),并得出相关的观察结果。

表3 课堂观察量表

讲解效度怎样	清晰(是、否)	结构明朗(是、否)	契合主题(是、否)	简洁(是、否)	语速(正常、稍快、稍慢)	音量(正常、大、小)	节奏(正常、快、慢)
	是	是	是	是	正常	正常	正常
有哪些辅助行为	示范第二声部	PPT呈示合唱概念	前两句对比演唱	练声曲两首	节奏练习	呈示简谱	带节奏、状态朗读歌词
辅助效果	一般	好	好	好	一般	好	较好
课堂中呈示了什么	范唱(次数)	范奏(次数)	表演(次数)	板书(美观、一般)			
	4	0	1	一般			
呈现内容促进学生学习	是	否	是	一般			
媒体呈现了什么	合唱概念	表现音乐:音准、节奏、旋律、乐感	保持状态:姿势、呼吸、发声、语言	发声曲及要求	二声部节奏音频	二声部简谱	小结
呈现方式、内容适当	是	是	否	是	否	是	是

三、观察结果分析及教学建议

1. 教学目标的达成

总的来说,这节课所呈现的知识、辅助手段、教学示范有助于教学目标的达成,大部分学生能在一节课当中体会到什么是二声部合唱,但是二声部合唱

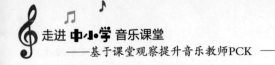
教学目标未能较好地达成。

2. 教学过程分析

这节课由教师示范直接演示导入合唱的概念，运用PPT展示要有良好的音准、节奏、音色、乐感来表现音乐，同时运用恰当的歌唱姿势、呼吸、发声、语言去演唱，通过两个问题引导学生思考、感受怎样运用气息，在开始发声练习前先用多媒体展示歌唱声音要求与注意事项，先唱简谱，再运用之前所学的知识来规范练声，学生也能快速地体会到连音与跳音的不同。在《你笑起来真好看》二声部教学中，先让学生们学唱低声部节奏型、分小节学习简谱、用歌唱的状态去朗读歌词，这些辅助行为都能促进教学难点的解决。

3. 教学建议

呈示的方式和辅助方法，都要围绕教学目标来进行。跟教学目标无关的呈示可以省略，教学难点要重点解决。这节课的难点是二声部合唱，因此要围绕这个难点，在媒体、示范。练习、倾听等方面多次呈现。

《合唱基础训练》观察报告

任教教师：黄彩媚。

授课时间：2020年10月20日9：30—10：15。

授课地点：惠东县铁涌中学。

研究问题：学生学习·互动。

分析报告：参与课堂活动（小组、全班）的人数、时间、对象、过程、结果。

报告人：惠州市第一中学谭京。

一、观察点选择说明

课堂互动教学是课堂中非常重要的教学方法，互动包括师生互动、生生互动、小组互动等，而黄彩媚教师的合唱基础课程，互动是贯穿课堂始终的。因此，我选择了通过互动视角，从参与课堂活动（小组、全班）的人数、时间、对象、过程、结果这个观察点来进行观察。

二、观察表及观察结果说明

通过分析黄彩媚教师的教学设计，我设计了课堂观察量表进行观察（见表4）。

表4 课堂观察量表

被观察者	黄彩媚	学校	铁涌中学（送课下乡）			
课题	《合唱基础训练》	类型	合唱课			
年级	七年级	人数	60			
观察者	谭京	学校	惠州市第一中学			
维度	学生学习	视角	互动			
		观察点	参与课堂活动（小组、全班）的人数、时间、对象、过程、结果怎样？			
教学环节	环节1导入	环节2讲解	环节3感受气息	环节4练声	环节5二声部歌曲片段教学	环节6课堂小结
参与人数	60	60	60	60	60	60
参与活动的时间	1分钟	6分钟	5分钟	6分钟	26分钟	1分钟
参与对象	全体学生	全体	全体	全体	全体	全体
过程	跟着旋律齐唱（1次）	对比、听辨、选择	吹气球 1. 向内？向外？ 2. 有控制，无控制？	练声曲连音、跳音	1. 节奏练习 2. 视唱 3. 唱歌词 4. 二声部	
结果	过于匆忙	对比差异明显度不够	学生基本都是不清晰这个步骤的	大部分学生音准不行，教师提出来了，但是没有解决	对本节课的重点解决不够，合唱基础训练体现不出来	
观察分析	互动环节的时间安排，分别是导入1分钟，讲解6分钟，气息练习5分钟，练声6分钟，二声部歌曲片段26分钟，小结1分钟。其中的二声部歌曲片段教学，节奏练习5分钟，视唱7分钟，念歌词打节奏8分钟，二声部教学6分钟。因为时间安排得不恰当，导致合唱教学的重点与难点解决不够。					

三、观察结果分析和教学建议

1.教学方法

黄教师通过5个步骤来完成教学，主要是围绕发声的基础训练，通过对比、

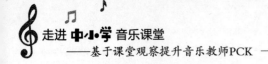

听辨、体会、模仿等方法来实现。互动与合作是课堂的主线。师生的教学互动一共有15次，包括齐唱1次，对比听辨1次，气息活动2次，练声活动2次，节奏2次，视唱活动3次，唱歌词2次，二声部合唱2次。15次里面，二声部合唱活动只有2次，其余活动有13次，其余的活动都属于歌唱基础训练，而课题为合唱基础训练。要体现"合唱"主题，显然2次活动是远远不够的。

2. 教学建议

可以在二声部教学环节多设计几个不同的活动，采用小组组合的方法，也可以现场挑选出几个演唱得好的同学进行二声部的合唱展示。通过加大合唱教学的时间与互动的次数，把这节课的重点难点突出并解决，此节课就会很完美了。

示范引领，愉跃龙门

时间：2020年11月19日星期四。

主题：惠州市小学音乐优秀教师"三送"（龙门站）活动暨课题组教师送教研讨活动。

地点：龙门县永汉中心小学。

授课教师：龙门县永汉中心小学曾敬娴（9：15—10：00）；惠州市南坛小学实验学校成亚丽（10：00—10：45）。

龙门永汉镇是有着"全国文明村镇"称号的温泉小镇，温暖的水滋养着这片土地与这里的人们，教师和孩子们都特别淳朴与热情。

这次我们采取的是同课异构的方式，提前给两位授课教师设定上课内容，她们各自备课准备，提前把教案发给我们。我们再根据教案设计课堂观察量表，最后组建微信群，授课教师与听课教师进行交流。（相当于课前会议）

流程：课中观察—课后会议—观察报告的形成。

❖ 课中观察 ❖

1. 观察工具

课堂观察量表，摄像机一台。

2. 观察位置的选择

观察者选择合适的观察位置（见表1，图1、图2）。

表1　观察位置的选择

教师				
黄彩媚				谭京
	学生		学生	
杨薇				郑安娜
张春明				叶伟玲
	王恒	摄像机	单和仁	

图1　曾敬娴教师授课中

图2　成亚丽教师授课中

3. 观察过程

课前：观察者带领学生入课室就座。

课中：观察教师根据自己设计的量表进行观察记录。

课后：谭京、王恒、郑安娜教师议课。

 课后会议

（一）授课教师课后反思

曾敬娴教师课后反思，她觉得自己的教学目标都达成了，对这节课很满意。

成亚丽教师课后反思，她认为在律动中让学生感受作品的内涵与演唱的技巧，学生在学中玩，在玩中学，用肢体语言去体现音乐，整体来说是完成得不错的，就是在音阶环节对学生的学情了解不够，用时过多了，导致上课超时。

（二）观察者分析

观察者对这两节课进行了简单而概括的分析与对比，观察报告如下：

1. 谭京：教师教学·对话

我从教师教学这个维度进行观察，视角是对话，从提问的时机、对象、次数和问题的类型这几个观察点进行观察。

曾敬娴教师一共提问22次，导入3次，聆听歌曲律动5次（3+2），学唱环节3次，创编表演5次，二声部教学6次，小结3次。结构的类型主要分为常识性与知识性、能力性。整体的提问次数还是比较合理的，就是在第5个环节时提问6次，过多。另外，提问的类型过于单一，有效提问不多。

成亚丽教师共提问36次，导入4次，聆听歌曲律动10次，学唱环节22次。重点与难点用大量的提问贯穿，但是在这里设计的提问过多，导致第四和第五环节没有完成，并拖延了下课时间。提问类型多样，问题都是围绕教学目标和教学重点设计。

2. 王恒：课堂性质·评价

我从课堂性质这个维度进行观察，视角是评价，具体的观察点包括：不同学习目标有哪些评价？主要评价方式有哪些？如何获取教、学过程中的评价信息（回答、模仿、体验）？如何利用所获得的评价信息（解释、反馈改进、衔接）？

曾敬娴教师的课其互动共有13次，其中教师评价9次，生生评价4次。教师评价方式主要为语言性评价，生生评价方式主要为节奏律动的方式。评价效果较好的一共有7次，效果一般的5次，未评价的2次。

成亚丽教师的课互动共有20次，其中教师评价18次，生生评价2次。教师评价方式主要为语言性评价，生生评价方式主要为节奏律动的方式，其中教师语言性评价17次，肢体性评价2次，生生肢体性评价1次，学生语言性评价1次，评价有效率为100%。

3. 郑安娜：学生学习·达成

我选择的维度是学生学习，视角是达成，观察点包括：目标达成的措施与情况。

曾敬娴教师的课从数据分析看，教师预设3个目标，符合四年级学生的心理特征，但在实施教学中生成的目标只达成2个。在教学流程中，教师通过引导、示范、教唱、弹奏、表演等教学方式，指导学生完成预设学习目标1和目标3（歌曲的体验、演唱、弱起小节、歌曲表现、对二声部合唱产生兴趣等），学生学习兴趣比较高，能够积极参与配合教师的教学活动。目标2：学生对家园的深厚感情和对生活的热爱未达标。歌曲的意境和情绪没有在歌声中表现出来，学生只是学会唱歌。在学生对歌曲产生兴趣时，教师没有引导学生对歌曲内容的理解，从而未能引导学生深刻理解歌曲所表达的含义——温暖的家。

成亚丽教师的课从数据分析看，预设3个目标，基本完成目标。但在课堂实施教学过程中，没有完成预设的教学环节。导致课堂超时和不完整。在教学流程中，教师通过抽丝的体验音乐方式进行教学，充分调动了学生的积极性，学生参与度高，学习兴趣浓厚，深刻体验音乐的优美，整节课成教师引导学生主动、自主、探究学习，开发学生的思维能力和表现能力，让学生探索与创作，激发学生的探究欲望。

（三）观察形成的结论

1. 曾敬娴教师的课

（1）评价过于单一，评价内容指向性不突出，对教学的深入和承上启下没有太大的作用。

（2）设定的目标没有达成，情感目标没有体现，只是注重了技能目标，并且实现目标的教学方式过于单一。

（3）教师教学方面，创设的问题并没有围绕教学目标与重点来设计，提问的结构类型主要分为常识性与知识性、能力性。整体的提问次数还是比较合理的，但是在第五个环节的提问过多，导致此环节难以完成与实现，属于无效提问。另外，提问的类型过于单一。

曾教师的课还是属于我教你唱的传统的唱歌课，还是以教师为主体。

2. 成亚丽教师的课

（1）运用了大量的节奏律动游戏，引导学生聆听和感受歌曲。

（2）能充分深挖歌曲的内容让学生对歌曲产生兴趣，学生在演唱中能保持气息的连贯和饱满、声音的圆润与柔美，领会歌曲朦胧恬静，表现歌曲的意境和情绪，有感情地演唱歌曲，从而激发了学生对家园的深厚感情和对生活的热爱。

（3）充分围绕教学目标与教学重点设置了对话，对话的形式多样并且有趣，在问与答中，学生对歌曲情感的表达、歌唱方法的使用、歌曲旋律的演唱都得到了非常有效的指引。

（四）观察报告

以王恒教师所做的观察报告为例：

《月亮月光光》观察报告1

任教教师：曾敬娴。

授课时间：2020年11月19日。

授课地点：龙门县永汉中心小学电教室。

分析报告：课堂性质、评价。

报告人：惠州市第三中学王恒。

一、观察点说明

课堂评价是检验课堂教学效果的有力工具，在课堂评价的互动交流中不断地通过体验、反思来发现自己教学中存在的不足，以修正自身的教学行为、领悟教学的技艺、体味教学的乐趣和生成过程、感受自己的生命意义和存在价值。

二、课堂观察量表及观察结果说明

本节课曾教师通过教唱、乐器合奏和二声部合唱等方式展开教学，并在这些教学环节中展开各种评价，这些共同构成了本观察点的观察指标。

根据以上分析，我设计了课堂观察量表（见表2），并得到了相关的观察结果。

表2　课堂观察量表

教学环节	学习目标	主要评价方式	如何获取教、学过程中的评价信息			如何利用所获得的评价信息			效果
			回答	模仿	体验	解释	反馈改进	衔接	
导入	感受家和圆月，通过律动聆听音乐	无		√					无铺垫
歌曲学唱	初听歌曲，感受如何	肯定，好（师语言性评价）	√					√	一般
	方言	对的（师语言性评价）	√					√	歌词学习
	感受速度	慢，好（师语言性评价）	√					√	一般
	几拍子	好，请坐！（师语言性评价）	√						突出强弱弱
	初次齐唱	生生评价，节奏律动拍掌鼓励自己（生动作评价）			√		√	√	衔接弱起节奏
	连音线	学生不知道，教师停顿卡住				√			无预设回应

续 表

教学环节	学习目标	主要评价方式	如何获取教、学过程中的评价信息			如何利用所获得的评价信息			效果
			回答	模仿	体验	解释	反馈改进	衔接	
歌曲学唱	复唱	生生评价，节奏律动拍掌鼓励自己（生动作评价）			√				一般
乐器合奏	感受三角铁	试试，好（教师评价）	√				√	√	
	通过节奏体验律动	好！对！（师语言性评价）	√						一般
	齐唱	声音有点白（师语言性评价）					√	√	
体验合唱	小组二声部游戏，体验感受二声部1	奖励棒棒糖（师语言性和物质奖励）	√					√	
	小组二声部游戏，体验感受二声部2	生生互评。其中一组师说做得不对（师生语言评价）				√	√	√	
	全班演唱1	轻一点（师语言性评价）				√	√		一般
	全班演唱2	生生评价，节奏律动拍掌鼓励自己（生动作评价）				√			√

注："√"表示对这一项观察内容的肯定，即观察者事先设计的观察量表中观察点在课堂教学内容或情境中呈现出来。

三、观察结果分析及教学建议

这节课互动共有14次，其中教师评价9次，生生评价4次。教师评价方式主要为语言性评价，生生评价方式主要为节奏律动的方式。评价效果较好的一共有7次，效果一般的5次，未评价的2次。

本节课导入环节，曾教师运用了节奏律动方式让学生聆听本课歌曲，播放歌曲时发现学生们已经在跟着演唱，由此可见，本课并不是第一次教学，对于学生的无铺垫式的跟唱，曾教师并没有做出任何评价反应。在歌曲学唱环节中曾教师提问连音线是什么？没有同学回答，此时教室突然安静下来，曾教师也没有对此做出应急反应。

曾教师在评价中主要以语言性评价为主，评价性语言比较简单，主要围绕在"对！"和"好！"之类的字眼，通过回答方式获取教、学过程中的评价信息有4次，通过模仿方式获取教、学过程中的评价信息有4次，通过体验方式获取教、学过程中的评价信息有5次；利用所获得的评价信息作为知识点解释的有1次，利用所获得的评价信息作为知识点反馈改进的有5次，利用所获得的评价信息作为知识点反馈改进的有5次，利用所获得的评价信息作为知识点衔接的有5次。生生之间的评价活动主要围绕在拍节奏的自我鼓励，方式比较单一，并且是在教师的要求下进行的，稍显被动，其他语言性评价1次。

纵观本节课的评价活动，不论是教师的评价还是学生的评价，方式都比较简单，评价内容的指向性不突出，对教学的深入和承上启下没有太大的作用。可以看出，曾教师在课堂评价方面没有过多重视，欠缺应有的课堂评价机制和预设评价体系。课堂评价是检验课堂教学效果的有力工具，在评价过程中教师可以对课堂的教学进度进行有序的把控，通过肯定和表扬可以激发学生的学习热情，通过引导性评价可以拉近与学生之间的距离，提高课堂的教学成效。教师是课堂的引导者，学生是课堂的主体，只有教师通过正确合适的方法引导学生，学生才能进一步发挥自我学习的主体性。

《月亮月光光》观察报告2

任教教师：成亚丽。

授课时间：2020年11月19日。

授课地点：龙门县永汉中心小学电教室。

分析报告：课堂性质、评价。

报告人：惠州市第三中学王恒。

一、观察点说明

课堂评价是检验课堂教学效果的有力工具，在课堂评价的互动交流中不断地通过体验、反思来发现自己教学中存在的不足，以修正自身的教学行为、领悟教学的技艺、体味教学的乐趣和生成过程、感受自己生命意义的存在价值。

二、课堂观察量表及观察结果说明

不同学习目标有哪些评价？主要评价方式有哪些？如何获取教、学过程中的评价信息（回答、模仿、体验）？如何利用所获得的评价信息（解释、反馈改进、衔接）？本节课成教师通过节奏律动体验、带唱等方式展开教学，并在这些教学环节中展开各种评价，这些共同构成了本观察点的观察指标。

根据以上分析，我设计了课堂观察量表（见表3），并得到了相关的观察结果。

表3 课堂观察量表

教学环节	学习目标	主要评价方式	如何获取教、学过程中的评价信息			如何利用所获得的评价信息			效果
			回答	模仿	体验	解释	反馈改进	衔接	
导入	通过抽出丝线是同一个方向，感受歌曲速度和乐句	好，有无不同意见？（师语言性评价）	√						
	为什么是一样的？感受歌曲速度和乐句	幽默式回答（师语言性评价）			√		√		√
	感受歌曲速度和乐句	生自我拍掌鼓励，师：nice！（师语言性评价，学生律动自我鼓励）			√		√	√	√
	不同抽丝方式感受音乐	一样，太棒了！（师语言性鼓励评价）		√				√	√
	教师示范不同抽丝律动，让同学们观察感受异同	跟我不一样！（师语言性命令式评价）		√				√	√
	师生上台演示不同抽丝方式，同学们继续感受异同	看懂点点头！（师语言性和肢体性评价）	√	√				√	√

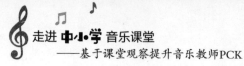

续 表

教学环节	学习目标	主要评价方式	如何获取教、学过程中的评价信息			如何利用所获得的评价信息			效果
			回答	模仿	体验	解释	反馈改进	衔接	
导入	感受镜像不同的抽丝律动	有些同学带着表情非常好；听音乐！（师语言性鼓励评价）		√	√		√		√
	感受镜像不同的抽丝律动，师加入，深化动作	师通过动作评价引导生体会感受（师肢体性引导评价）	√	√		√			√
	感受体验活动时候不要笑	不能笑，要去感受！（师语言性评价）			√				√
	继续通过抽丝律动感受音乐	谢谢，请坐！（师语言性评价）					√		√
歌曲教学	歌唱正确坐姿	谢谢，非常好。（师语言性鼓励评价）					√		√
	理解歌词含义	解释（师语言性评价）	√			√			√
	家的重要性	语言情感推动（师语言性评价）	√			√			√
	模唱，初步学唱歌曲	大点声！（师语言性评价）		√			√		√
	掌握开口音guang	示范（师肢体和语言性评价）		√			√		√
	齐唱	非常棒！（师语言性评价）			√		√		√
乐理学习	认识键盘1	Nice！非常棒！（师语言性评价）			√			√	√
	认识键盘2	生生互评。（师语言性评价，生语言性评价）			√		√		√

三、观察结果分析及教学建议

通过回答方式获取教、学过程中的评价信息有3次，通过模仿方式获取教、学过程中的评价信息有7次，通过体验方式获取教、学过程中的评价信息有8次；利用所获得的评价信息作为知识点解释的有3次，利用所获得的评价信息作为知识点反馈改进的有9次，我们在教学中通过评价活动检验教学成果的同时，在尽量不改变教学目标的前提下，恰到好处地预设下一步的教学策略显得尤为重要。

课堂观察：从教学模式中孕育课堂文化

  在较全面研究师生互动的基础上，从文化学视角出发，考察师生互动在课堂文化中的情况，为师生互动的研究提供新的视角。通过对课堂文化的相关理论研究，通过分析五种具有代表性的教学模式下的课堂文化，论述了不同课堂文化对其师生互动的影响。在观察现实课堂中，选取中小学音乐教学课堂作为观察与研究的对象，分析了现实课堂文化中的师生互动存在不平等性、互动方式不民主与师生价值取向的不合理性等问题。并针对以上问题提出了有效师生互动发展的课堂文化设想，以期能给相关课堂观察方面的研究提供参考。

基于中小学音乐课堂观察

——课堂文化的维度

一、相关概念概述

1. 课堂文化

课堂是实施教育的主阵地，也是发生教学活动的主要场所，由于特殊的构成要素和所要完成任务的独特性，在其实施的过程中会形成自身的一种文化，这种文化就是课堂文化。课堂文化是师生在教与学的过程中形成创造出来的集体共有的价值观念以及行为方式的总和。

2. 课堂价值观

价值观是指一个人对周围的客观事物（包括人、事、物）的意义、重要性的总评价和总看法。价值是客体关于主体需要的满足，其本质是一种社会关系。不同群体或主体有不同的价值取向。在课堂文化中的价值观是教师与学生在互动建构起来的集体的价值体系。

3. 课堂行为方式

行为方式是指受思想支配而表现出来的外表活动（如言行）所采用的方法和形式。本文所讨论的课堂行为方式主要是指教师与学生在其课堂文化中所表现出来的言行活动的方法与形式。

二、教学模式与相应的课堂文化

文化是人的本质力量的彰显，是人的生存方式；它是随着时代、社会的不断发展而不断地调整、丰富和完善的；它的根本宗旨是要促进人的自由、全面和谐的发展，使人不断地走向自由与解放。作为个体的人，个体的文化总是在一定的环境下完成的，而教育环境具有明确的指向性和目的性。基础课程改革中，对教学理念、观念等的价值取向的深刻变化，将导致学校教育和课堂教育的制度、行为等的深刻变化。这些将孕育一种新的学校文化，也将出现新的课堂文化，作为教育的主阵地——课堂，是实施一切的空间，课堂文化为我们解决课堂教学中存在的诸多问题提供了新的研究视角。以下基于课堂观察——课堂文化的维度，以价值、行为这两个层次来阐述。

（一）传递—接受教学模式与相应的课堂文化

1. 传递—接受教学模式

传递—接受教学模式是指教师在教学过程中主要通过口述、板书等方式，学生主要用耳听教师的讲解，用笔记下知识要点来完成知识与技能的传授，从而达到教学目的要求的一种教学模式。这种教学模式以辩证唯物主义的认识论、心理学以及教育学为基础理论。其操作的流程为首先激发学生的学习—复习旧知识—讲授新知识—巩固所学知识并运用—评价。该模式的优点是能让学生快速地有效地掌握更多知识。但是其缺点就是容易使学生处于单向接受教师传递知识的状态，不利于学生学习的主动性充分发挥。

2. 传递—接受教学模式产生的课堂文化

在该课堂中，教师注重知识的传递，视课本知识为权威，注重对知识传递的价值取向。教师以自身为中心，强调了对知识理解的标准性和唯一性。教师的教学观念认为知识是学习内容的权威，教学内容是向学生传递前人积累的文化和经验。强调教师在教学中的作用，认为教师是教育过程中的中心人物，强调教师的主导和支配作用。在其行为方式上表现为，教师成为知识的主导者，享有绝对的权威，掌握着教学过程的各个关节，决定教育的标准、内容和方法，完全处于教育活动的中心位置，在教育和培养学生的事业中具有决定性作用，教师认为在学习新知识之前，学生会对其一无所知，教师的教学必须把正确的知识告诉学生，在教师的影响下，学生的学习是被动接受的记忆过程，失去其主体性。

（二）自学—指导教学模式与相应的课堂文化

1. 自学—指导教学模式

自学—指导教学模式是指教学活动以学生自我、主动学习为主，教师的指导贯穿于学生学习活动始终的教学模式。该教学模式是"以教师为主导，以学生为主体"的辩证统一的教学观、"独立性与依赖性相统一"的学生心理发展观以及"学会学习和终身学习"的学习观为理论依据，这些理论强调学生是发展和成长中的人，随着年龄的增长，知识、社会经验的不断丰富，学习的独立性也日益增强，但是他们的认知能力还不够成熟，所以离不开教师的指导。教师在教学过程中体现出主导地位，表现在提出学习目标和要求，安排学习计划、内容等，学生在教学过程中体现出主体地位，表现在学生主动的自我学习上。

自学—指导教学模式培养了学生的自我学习能力，让学生在学习中学会学习，是现代社会发展的需要。在该模式的运用中，既体现了学生自我学习的主动性，又较好地发挥了教师的主导作用，培养了学生良好的自学习惯和自学能力的同时，使学生的智力和创造力得到了很好的发展。

2. 自学—指导教学模式产生的课堂文化

在该课堂中，教师除了注重知识以外，更注重对学生能力方面的培养。具体表现在教师培养学生自学能力和良好的学习态度。在这样的价值观下，教师相信学生的学习能力，为学生创造各种学习条件，在教学过程的各个环节上，包括课堂讨论与小结中以学生的活动为主，以学生为主体，教师是学生的指导者。教师在行为方式上表现出，教师积极参与自学指导，走进学生的自学中，在学生自学的过程中，解决个别同学提出的问题。在讨论环节，教师与学生共同协作完成学习的难点，做启发点拨性的讲解。教师自始至终贯穿于教学过程中的每一个环节。

在教师的影响下，学生会以完成教师所交给的任务为目的，在教师的安排下进行自学，当遇到想不明白的问题会主动请教教师，在与教师的交流中解决疑惑。在与教师讨论难点的时候，积极地与教师对话，和教师共同完成学习难点，在教师的带领下完成学习任务。

（三）目标—导控教学模式与相应的课堂文化

1. 目标—导控教学模式

目标—导控教学模式是指以明确的教学目标为导向，以教学评价为动力，以矫正、强化为活动核心，让绝大多数学生掌握教学内容的一种教学模式。该教学模式以布卢姆的掌握学习理论、教育目标分类学和形成性评价理论为理论基础，以让大多数学生都能掌握所学学科内容为教学目标。该模式的操作过程包括：第一，教师在学习新知识之前，要对与新知识有关的旧知识进行回顾，做好新知识的准备。第二，教师展示目标，让学生了解新知识应达到的水平。第三，教师紧扣教学目标进行教学，让尽量多的学生掌握教学内容。第四，教师进行达标评价。最后根据评价反馈采取强化或补救性教学。该模式创造适合学生的教育，其在义务教育中的实施具有重要的意义。

2. 目标—导控教学模式产生的课堂文化

在该课堂中，教师以让大多数学生都能掌握教学内容，能够达到教学目标为价值取向，教师重视教学过程的结果。在该价值观下，教师是目标的提供者和学生达标的组织者，教师考虑大多数学生本身的经验和学习水平来制定教学目标。以教学目标为导向，按照目标去界定知识点，通过各种教学方法紧扣目标进行教学，尽量让大多数学生掌握教学内容。教师在行为方式上表现为，教师在上新课之前会对以前学过的旧知识进行回顾，为新知识做好准备，教师会向学生展示这一节课要达到哪些目标，教师通过讲授、讨论或自学等教学方法进行教学活动。在教师与学生的互动交流中，教师及时记录学生学习上存在的问题，采取及时的矫正策略，帮助学生理清学习思路，教师用激励性语言鼓励学生积极地完成目标，最后用做练习的方法来检验学生是否达到本节课的目标。教师根据目标进行当堂课达标活动，发现问题及时补救。

在教师的影响下，学生的价值取向是努力完成教师提供的教学目标。学生会用各种方法来达到教师提出的要求，在教师的鼓励下，有的学生会积极主动

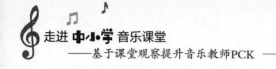

地去完成。

（四）引导—发现教学模式与相应的课堂文化

1. 引导—发现教学模式

引导—发现教学模式是指教学活动以解决问题为中心，学生在教师的指导下去发现问题，提出解决问题的方法，并通过自己的活动找到答案的一种教学模式。引导—发现教学模式是以美国教育学家杜威的"问题教学法"和教育心理学家布鲁纳的"发现学习"为指导理论。杜威倡导学生的学习是现有经验不断地改造，学生不应该被动接受，而是通过亲身经历去感受、发现一切从做中学习。布鲁纳认为掌握学科的基本结构和基本态度或方法应该是发现，教学过程就是在教学引导下学生发现的过程。该模式是以培养学生探究学习态度和发现问题、分析问题和解决问题的能力为教学目标。其操作程序是：首先，教师根据教学要求提出问题，并提供一些感性材料给学生，让学生带着问题学习。其次，针对学习问题和学习材料，在寻找答案的过程中，鼓励学生发表自己对这个问题的见解，也就是提出各种解决问题的假设。再次，验证学生提出问题的解决方法，教师引导学生进行反复比较、求证寻求问题的答案。最后，通过总结得出正确、完整的答案，师生双方共同总结，教师进行必要的评价和小结。这种教学模式是一种以学生相对独立的探究、发现的学习模式，最大的优点在于强调通过主动的自我发现去掌握知识结构，提高学生发现问题、解决问题的能力。但是也应该注意到，该模式对教师与学生素质要求比较高，比较耗费学习时间。

2. 引导—发现教学模式产生的课堂文化

在该课堂中，教师的价值取向是注重对知识探索的过程，更重视对学生学习能力和学习方法的培养。在这样的价值观下，教师营造了学生想要思考、想要学习的气氛，例如教师提出重新拟一个标题，激发学生解决问题的愿望，激起学生的学习情趣，从而进行积极的思维活动。在学生探究的过程中，教师引导学生发现问题，鼓励学生提出解决问题的方法，学生与教师共同探讨并得出最后的方法并付诸实践。教师的行为表现为教师积极的引导学生发现学习，用鼓励的语言与学生交流。教师与学生在教学活动中是合作关系，教师与学生共

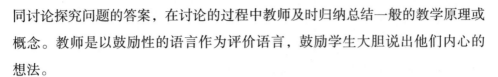

同讨论探究问题的答案，在讨论的过程中教师及时归纳总结一般的教学原理或概念。教师是以鼓励性的语言作为评价语言，鼓励学生大胆说出他们内心的想法。

在教师的影响下，学生的价值取向是以解决问题为目的。学生的求知欲被教师激发，积极地主动探究问题，找出问题的答案。在教师的鼓励下，积极地与教师互动，与同学之间互动交流，最终在教师的引导下，找出问题解决的方式。

（五）情境—陶冶教学模式及其相应的课堂文化

1. 情境—陶冶教学模式

情境—陶冶教学模式是指在教学活动中创设一种情感和认知相互促进的教学环境，让学生在轻松愉快的教学气氛中有效地获得知识和陶冶情感的教学模式。该教学模式是以情知教学论、暗示教学理论为指导理论。以培养学生积极的学习动机和提高记忆力、想象力和创造性解决问题的能力为教学目标。其操作程序首先是根据教学目标和教学需要，教师为学生创设一个富有情感和美感的情境，激发学生学习情绪。其次，通过参加各种游戏、表演，让学生在特定教学氛围中体验，潜移默化地进行学习。最后，通过教师的启发性总结，使学生从情境中获得知识、提高认识。该模式对学生个性的陶冶和健康发展具有积极的促进作用。让学生在轻松的教学气氛中学习，能够有效地减轻学习压力和心理焦虑，提高学习效率的同时使学生的审美想象力和创造力得到很好的发展。

2. 情境—陶冶教学模式产生的课堂文化

在该课堂中，教师注重知识和能力对人的发展作用，更注重情感态度对人的发展作用，所以教师是以培养完整的人为价值取向。在该价值观下教师要创设特定的教学环境，让学生在一定的环境中开始学习，这样激发了学生的学习情绪，吸引其注意力。教师运用各种教学手段激发和维持学生学习情感，引导和促进学生的认知活动。教师要与学生建立融洽的师生关系，才能在教学中与学生达到情感认同，与学生产生情感共鸣，让学生在更好地掌握知识的同时，在情感与态度方面得到积极的体验。教师的行为方式表现为，教师以饱满的精神和极大的热情走进课堂，以教师本身的语言或者其他方式例如视频、音乐等拉近与学生的距离，激发学生对学习知识的热情。在教师教学过程中，教师扮演多种角色来调动学生，引导和促进学生的认知活动，在与学生探究知识的过程中，尊重学生的回答，多以表扬性的语言来评价学生，达到以情启思，以思促情。在教师的影响下，学生在轻松的环境中心理压力减小，带着快乐的心情积极主动地与教师探讨知识。

三、现实课堂文化中的师生互动

课堂文化作为一定课堂教学情境下的师生集体共享的价值观和行为方式，它对课堂中的教师与学生具有一定的影响，也影响着教学过程中的师生互动，我们可以通过一定的外部显示出来的各个方面来研究课堂文化，并分析出现实课堂文化影响中师生互动。

1. 课堂观察研究中呈现的课堂文化

从课堂观察中发现：执课教师在课堂讲解中的师生行为、课堂提问中的行为、课堂交流讨论中的行为和课堂师生情感交流等行为，都在无声无息地传递着一种思想和文化，这种文化本质上就是课堂文化的雏形，还没有真正植根于师生的心中。例如，在教学环节中：传递—接受式课堂文化、自学—指导式课堂文化、目标—导控式课堂文化、引导—发现式课堂文化、情境—陶冶式课堂文化，都有所体现。例如，在教唱环节，从视谱唱到学唱歌词，都是师教一句生学一句，不是一个完整的乐句，歌曲在学生脑海中是碎片化的，这里传递的是一种"传递—接受式的课堂文化"；在创编环节，没有大胆给学生创编表现的机会或机会少，缺少更多发散思维引导的机会，这也是潜意识中形成的一种"引导—发现式课堂文化"，只是还没有深入教师和学生心中，主体意识不强而已。

2. 现实课堂文化对师生互动的影响

（1）师生互动的不民主性，教师对学生的掌控过多，有些问题的提出没有充分考虑到学生的认知能力。

（2）课堂文化影响着师生互动。其优点方面体现在：教师较好地完成知识传递的教学目的，把目标知识传递给学生，让学生能够在单位时间内快速了解需要学习的知识。缺点体现在：师生互动沦为教学的工具，教师成为师生互动的主导者，学生成为师生互动的被动参与者。

（3）只顾把知识传递给学生，教师注重对知识的传递，教师是课堂的主导者，学生的学习是被动地接受过程。

（4）课堂文化影响着师生互动，让学生充分掌握课本知识，并体验到知识背后所隐藏的思想，在教师的带领下，学生按照教师所指引的方向学习，学生自学的情况较多，教师在交流中根据学生所提的不同问题给予必要的指导。缺点是影响了师生互动的频率，在教师控制的课堂和教师严肃的面孔下，学生对教师产生了畏惧感，有些学生不敢看教师，有些知道问题解决方式的学生却不愿与教师交流，影响了互动的频率。

（5）课堂文化影响着师生互动，在课堂上，教师与学生之间有着丰富的情感交流，鼓励学生积极发言，体现着师生互动间的平等性。但是，教师在引导学生个性发展的创造性方面还是不够。

3. 现实课堂文化对师生互动影响的共性

（1）每个课堂中都有师生互动存在。

（2）教师成为师生互动的发起者。

（3）学生决定着师生互动的质量。

4. 现实课堂文化在促进师生互动中存在的问题

（1）存在师生互动不平等性。

（2）存在师生互动方式的不民主。

（3）存在师生互动的价值取向不合理。

四、反思——创设合理的师生互动课堂文化的设想

从课堂观察分析中可以得出不同课堂文化下产生不同效果的师生互动。在不同课堂文化下产生的师生互动存在着很多问题，影响了师生互动的进行，同时也影响了教师与学生的发展。针对这些问题，本文提出创设促进合理的师生互动课堂文化的设想。

（一）创建平等的师生互动观

1. 以学生为主体的学生观

在课堂文化中，教师要树立正确的学生观，认识到学生是教学过程中的主体。学生在学习中的地位与教师是平等的，以此建立和发展积极、和谐、民主的师生关系。以学生为主体的学生观是教师站在"人"的高度来看待学生，也就是从文化的视角，来促进人的自由、全面、和谐发展的价值取向，是追求价值的根基与灵魂——自由与自由选择。教师有这样的价值取向，才能树立起尊重学生、以学生为主体地位，才能敬重学生的人格，教师教授学生生活的知识与技能，更让他们体验人存在的价值与意义，把培养全面发展的人作为自己的教育任务，也就是把价值主体的培养放在根本位置。学生的平等地位体现了学生受教育权的公平性，教师不能因为自己的偏好就剥夺一些学生参与学习活动的机会。在师生互动过程中，不管是优生和差生、男生和女生、性格活泼张扬和乖巧沉闷的学生，教师都应一视同仁，教师要主动建立师生双方相互信任、良好合作的关系，在充分了解学生的基础上，挖掘学生潜力，创造更多机会让学生积极地参与到互动教学中来。

2. 转变教师的教学观

教师要确立有利于互动的教学目标。教师应随时树立促进全体学生发展的观念，把教学目标分解成多级目标，同时确立知识、技能、情感多种类型的教学目标。让互动的对象从优生拓展到全体学生，为全体学生提供互动机会。这样，教师的教学目标便从单纯传授知识转向兼顾培养学生情感和能力上。

（二）建立民主的师生互动方式

1. 教师要关注每一个学生

教师所面对的学生知识水平不同，所表现出来的能力自然有所不同。有时，教师追求课堂教学效率，会经常与那些在课堂上积极举手、善于交流的学生进行互动交流。而对于那些不善言辞的学生关注得较少，这正是体现了教师对学生的不民主。教育心理学认为，学困生同样有进取心，让他们获得某一种成功，设法满足他们的成功欲，不仅可以使他们看到自己的潜力，增强进步的信心和勇气，还可以激起他们对更大成功的追求，并由此引发战胜困难的决心和毅力。这种积极肯定的态度，会对学生产生良好的心理暗示，使学生减少胆怯心理，充满自信地投入到各种教学活动中去。只有教师真正关注这样的学生，平时多给予他们关爱和鼓励，交流中多给他们具体的指导和帮助，让他们有开口的机会，提高他们说话的勇气。对口语表达不流畅的学生，教师要有充分的耐心，允许他们说错，并适当降低标准，让他们由易到难，逐渐参与到师生互动合作中来；同时，教师及时发现他们身上的闪光点，并即时给予肯定和表扬，使他们逐步建立起自信心，产生上进的动力。

2. 课堂教学更符合学生的认知结构

教师要用通俗易懂的语言来让大多数学生理解，针对课堂教育教学的难度，采用通俗化的教育教学方式。教师可以采用多媒体教学，让学生观看一些利于学生对知识理解的图片或者视频，让学生直观感受加强理解。教师也可以用文字辅导、组织演唱活动等方式引导讨论，以增强课堂教育教学的深度。教师真正把受教育者和教育者摆在同等的起点上，学生民主参与、独立思考，充分尊重和调动学生的民主意识，从而有利于增强师生互动的有效性。

（三）创建师生正确的价值取向

1. 确立正确的学习观

教师不仅要转变教学观，还要帮助学生树立正确的学习观，学习是学生自己的事情，学生是学习的主体，但是在现实课堂中，一部分教师没有清晰地认识到，往往不是教师的"教"服从于学生的"学"，反倒是学生的"学"服从教师的"教"。久而久之，学习非但没有成为学生的内在需要，反而成了外在于学生、强加于学生的"异己力量"，学生不再把学习当作自己的事情，而是把它当作教师、家长和社会的事情，学生的学习动力逐步弱化。在这样的课堂中，师生互动容易成为教师传递知识的工具，影响师生互动的有效性。所以，教师要自觉地意识到学习是学生自己的事情，并有效地引导、帮助每个学生逐步认识到学习是自己的事情，自己是学习的主人，从而产生学习的内在、持久动力，真正对学习产生兴趣。对于学生自身而言，在某种意义上，可以说学习观的好坏决定着学生学习的优劣，作为学生本身，要认识到学习是一个主动建构而不是被动接受的过程。学生要主动地学习，学生要以积极主动的态度对待学习，这种学习不是迫于社会、家庭和他人的压力，而是发自内心的积极主动的自觉。在学习中，学生明确学习的意义、价值以及学习过程本身，产生出一种自觉学习的动力，不过多依赖和强调外界环境的优劣，善于抓住一切有利时机全身心地投入到学习之中。

2. 师生之间要加强情感的交流

情感是人对现实世界各种事物所抱有的不同态度和不同体验。情感对个性心理特征和行为动机都有较大影响，是影响学习者行为和学习效果的重要因素。师生间的情感交流以及由此产生的心理氛围是促进师生积极互动的必要条件。教师把对学生的爱化为一个温柔的眼神、一个会意的微笑、一句暖心的话语、一个赞许的姿态、一个体贴入微的动作，都会使学生感到教师的关心、赏识，心理上就会产生一种说不出的愉悦与满足。这无疑能促进他们积极上进，激发他们的求知欲，鼓起他们的勇气，增添他们的自信，所以教师要加强对学生的情感投入。力的作用是相互的，当教师喜欢学生的同时，学生也会喜欢教师，从而学生也喜欢与教师交流互动。反之，师生之间的关系紧张，学生会由厌恶教师进而厌恶学习，即使是难度不大或者很有趣味的教育内容，也不能引起他们的兴趣。

课堂观察：对标课程性质

　　通过对课程性质的相关理论研究，在较全面研究课堂教学活动的基础上，从课程性质的维度出发，考察师生课堂行为的情况，为课堂行为研究提供新的视角。在分析LICC模式下音乐课堂观察案例分析的基础上，抓住音乐课程人文性、审美性、实践性的课程性质，实现"以美育人、以情感人"育人目标，在构建课堂观察模式、提升音乐教师PCK能力过程中，音乐审美教育这一观察点不容忽视，是审美心理能力培养与塑造的重要过程。

实现"以美育人、以情感人"育人目标

一、LICC模式的内涵

听评课的行为一直以来都是我国各大学校用以提高教学质量的重要手段，后来听评课逐渐发展为课堂观察，课堂观察是一种新出现的关于课堂教学的科学研究方法，许多学者对其展开了探索，这个过程中也遭受了一些批评怀疑。其中LICC范式是在西方课堂观察舶来的基础上结合我国课堂本土化教学，并经过实践探索而形成的一种课堂观察模式，它与课堂观察是种与属的关系，此模式克服了传统听评课的"去专业化"现象，观察者参考科学的量表工具进行研究，被称之为"一种专业的听评课范式"。

课堂观察LICC模式的核心内容框架，如图1所示：

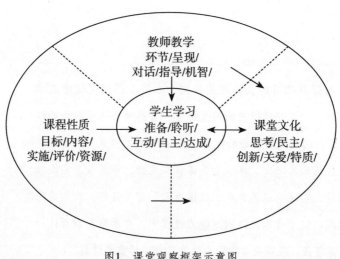

图1 课堂观察框架示意图

它以图示的形式展示了四个维度内容的关联：以学生学习（Learning）、教师教学（Instruction）、课程性质（Curriculum）和课堂文化（Culture）首字母的组合命名，一些教师认为观察应重点关注授教者的教学，在听评课中也总是针对教师的教学方面展开讨论。实际上，学生学习是课堂观察的起点和归宿，其他三个维度都是整个课堂活动的必要组成因素，每个维度下设置不同的5个视角，由于各个维度之间不完全独立，因而用双虚线隔开，图示中的箭头表示各维度之间的相互关系，学生学习与课堂文化之间为双向作用；教师教学、课程性质与学生学习之间为单向关系；教师教学、课程性质与课堂文化之间也是单向关系，整个框架系统条理、点面结合，4个维度之下分别设置5个视角，5个视角之下设立不同的选择点形成68个视角。在我们的音乐课堂观察框架里，形成了45个观察点。

表1　LICC范式课堂观察视角划分

学生学习	准备、倾听、互动、自主、达成
教师教学	环节、呈现、对话、指导、机智
课堂性质	目标、内容、实施、评价、资源
课堂文化	思考、民主、创新、关爱、特质

以表1对LICC范式中的具体内涵进行了详细的阐释，可以看出课堂教学是多种因素相互影响的复杂过程。无论什么课堂，都有教学目标、教学过程、教学反思、课堂观察教学组织等基本教学环节，都传递着丰富的信息，但不同学科之间并非完全相同，它们各自有其独特的学科特征。因此，在用LICC范式解读不同学科课堂、不同时空的课堂时不能直接套用照搬此框架进行观察，需要审时度势，依据具体学科特点、课堂实况做出调整。在观察某一课堂时不需要对68个观察点全部进行观察，应根据自己的研究类型选择合适的研究视角，选定与之相关的部分观察点进行调整，然后为我所用。除了对研究方法的专业知识进行了解与调整以保证指导理论的正确性外，观察者也应该秉持合作理念，要有团队意识，深知到团队力量的重要性，每个人的能力都十分有限，观察者之间需要进行默契的合作，发挥每个人的过人之处，在讨论与交流的过程中擦

出新的智慧火花，让观察获得最大成效。观察者与观察工具是课堂观察中最重要的两个部分，一个科学的观察框架保障了系统的课堂观察实施。此外，LICC范式作为听评课的新型范式，专家学者已经研究得出一套科学的观察流程，即课堂观察的三项流程：课前会议、课中观察、课后会议。

1. 音乐课堂观察的流程与步骤

课堂观察本身是一个系统的行为工程，需要一定人力物力的参与，制定一套系统科学的观察程序可以有效保证课堂观察的日常化与规范化，有利于提高观察效率，节约观察成本。课堂观察的程序从全局出发来看，主要包括："课前会议—课中观察—课后会议"三个步骤，课前会议作为课堂观察的程序之一，一般发生在课堂观察前一天，指观察者与被观察者双方在集中的一段时间内对接下来的课堂观察做详细全面的交流探讨，目的是为接下来的课堂观察做充足的准备，此环节主要解决观察者说课、观察者与被观察者阐述、商议观察点三个问题，包括明确内容主题、课程关系、学生学情、重难点、教学步骤；完善观察量表、确认观察点。课前会议的讨论充分与否直接对观察过程、观察结果产生重要影响，准备越充分，就越能从课堂的现实情境中收集到更多有用详尽的信息，会议讨论时间也不宜太短，一般不得少于15分钟，具体时间需视情况而定。

2. 课堂观察的特征

第一，课堂观察作为一种科学研究方法，有着自己的研究视角和观察点。它将一节课细化成一个个时间点，将课堂上复杂的互动情境拆分成一个个空间单元，对这些时间点和空间单元进行定位，观察、分析、记录和整理。这些所得材料最后再汇总起来，经过大家的共同反思和讨论，以此来改善教师的教学、促进学生的学习。

第二，课堂观察行为有着自己的一套工作流程，它包括课前会议、课中观察和课后会议三部分组成。通过课前会议确定观察和讨论的问题，通过上课过程中进行的观察来收集信息，再通过课后会议交流和解决问题，由此寻求教学改进的策略与方式。这几个部分的流程都是必不可少的，在一些中小学的实际工作中，常常忽略课前会议，听课教师在听课的过程中只是从自己习惯的关注角度出发进行课堂观察，这必然会导致课堂观察结果的片面性。

第三，课堂观察需要团队合作来进行，团队成员之间既要有明确分工，又必须相互配合才能很好地完成观察任务。欲全面、客观、公正地评价一节课，就要在课前会议时分配好参加课堂观察的各位教师的观察位置、观察对象、观察侧重点等，尽力做到课堂的各个方面都能得到关注，每位观察者各司其职。这是基于主体的意愿、可分解的任务、共享的规则、互惠的效益等元素的合作，可以使课堂观察更加专业化，使课堂观察更有动力、更加持续。

课中观察是观察程序的主体部分，发生在课堂实际情境之中。在此环节中无须进行讨论，也无须进行自我分析或判断，只需依据课堂教学类型、课前会议中所讨论的细则及已经完善的观察量表如实地记录观察现象。记录要尽可能科学全面，应选择恰当的观察点与各种记录手段，课中观察的科学性、可靠性关系到研究的可信度和效度问题及最终分析报告结果。

课后会议发生在观察结束后，指观察者针对前两个步骤进行讨论、分析、反思、总结，科学简明的报告观察结果，关注数据分析、资料的科学性、自我反思，通过多视角、多方位的探索，结合课前会议中确定的观察点，提出旨向教学改进的、适用于音乐各类课型的建议和对策。

二、LICC模式量表的开发原则

课堂观察是一种基于证据的课堂研究活动，观察点的作用是为课堂观察提供方向，观察步骤仅保障课堂研究的有序性与规范性，而好的课堂观察量表可以将研究内容具象化。

为保证量表的有效性，在开发过程中需要遵循以下原则：

1. 科学性原则

设计科学的观察量表可以为不同层次的观察者提供明晰的行动指南，为良好的课堂观察奠定基础。

2. 一致性原则

研究工具为事先提出的问题服务，量表中部分问题可以解决，部分问题难以解决，但量表中可以解决的问题要与事先提出的问题具有一致性。若量表的

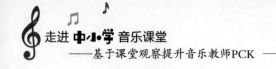

内容与提出的问题有偏离，则必然造成推论的偏离，影响研究结果。

3. 合理性原则

课堂观察量表的开发主要考虑解决思路与观察指标是否合理，是否符合当前的现实情况。在开发中需按合理的逻辑分解涉及到的问题，找到相应的关键行为，此行为需具有可操作性，既与表格记录指标匹配，又符合课堂观察所需要的工具、设备等条件。

4. 指向性原则

课堂教学是一个复杂的过程，由多种基本要素和当堂课生成的各类事实构成，观察者难以记录下出现的全部信息，需要依据具体研究问题选择有明确指向的因素与行为情境，每一次课堂观察都有其特定的指向，教师要有中心有重点，选择有价值的部分，不宜面面俱到，考虑重点关注哪个维度，最终指向教学改进与教师的专业发展。

三、LICC模式理论在中小学音乐教学中的价值

1. 加深对音乐课堂的理解

LICC模式的基本框架可以从理性与感性双角度全面出发，根据音乐课堂教学中在不同的课堂上创设出不同的意境，立足于整个课堂，从思考、特质、民主等视角诠释课堂中暗涌的人文素养，也有利于对课堂做出更加合理的评价。

2. 促进音乐教师的专业发展

当代教育变革对人的发展提出了更高的要求，教师作为教育的主要群体，对教师的专业发展也提出了更高的要求，教师需要不断提升自身的思考、研究能力。

LICC模式为每位音乐教师的思考研究提供良好的平台，在科学理论的指导下观察者可以端正自己的心态，更有底气地说出自己的想法，对于教学的不足之处不再讳莫如深，被观察者也可以接纳更多不同的声音，汲取别人身上的宝贵经验，教研组教师之间的教研观念由"坐而论道"转变为"在做中论道"，最终教师们在写论文时可以有疑问、有话说、有成果，形成自觉研究探索的习惯。总之，课堂观察可以汇聚多方面的力量，教师们专业的眼光与智慧长期

地进行碰撞，增进教师的集体责任感，使音乐教师得到更好、更快、更专业的发展。

3. 改善学生的课堂学习

在LICC模式的课堂观察中，观察者在课前会议中选择确定学生学习维度中的部分观察点，在进入课堂观察的过程中有目的有意识地对相关信息进行记录，颠覆传统听评课中对学生的观察较肤浅的情况，观察者可以通过观察学生的回答次数推断学生的学习成效，通过学生的积极性感知学生的学习兴趣，通过对学生行为活动进行观察记录，推动教师的教学反思，在以后的教学中及时做出调整，进行更有针对性的教学，改善学生学习方法、学习习惯，为学生的学习提供更适宜的环境。

四、对标课程性质，以美育人、以情感人

以人为本的教学原则体现了音乐课程中鲜明而深刻的人文性。音乐课程的基本理念要求音乐教学中强调音乐实践的重要性，鼓励培养学生的音乐创造能力。音乐是由人创作的艺术形式，其创作过程、表演、欣赏都需要人的参与，在这一过程中人作为参与者，主动或被动地参与到音乐活动中来，在实践过程中完成了音乐的实践活动。基于音乐的实践性，音乐教学同样具有实践性。音乐课程中聆听、欣赏、演唱、演奏等教学内容都需要学生亲身参与到实践活动中，并从中获得情感体验、审美体验。学生自己走进音乐活动，与音乐进行最直接的交流，成为课堂的小主人，以饱满的热情和积极愉悦的心情融入音乐中，对音乐产生兴趣，并在长期学习过程中对音乐有了特殊的情感。在学生"审美"的过程中，学生的主动参与会给予学生更大的兴趣参与音乐活动，给予学生创造音乐的机会，让学生不仅仅是参与"审美"活动，更是成为"美"的创造者。这时学生对美的感悟与体验达到审美活动的最高点，审美能力在音乐创造中得到极大的提高，音乐教育审美性原则得到了发展。

音乐教育中最为显著的性质即为审美性。音乐作为情感的艺术，利用其自身特殊的语言符号（节奏、音高、旋律、和声等）在时间、空间中展开与发展，这与人的情感发生过程有着异质同构的效应。人的情感产生与变化是在时

间的推移过程中不断发展的，在时间推移中，音乐的情感表达能够唤起人们内心对美的共鸣、情感的共鸣，从而产生审美反应。这一过程中，音乐作品成为情感传播的桥梁，将音乐创作者、演奏者与听众联系为一个整体，实现了人与人之间的精神情感交流。人作为欣赏音乐、欣赏美的本体在此时实现了音乐审美的人学内核。也就是说，音乐作为人的产物，由人创作，并在特定的环境下传播，从而引起听众的审美情感共鸣，这一系列的审美反应与情感追求都体现了音乐审美中对于人的本体价值意义。音乐审美教育包括音乐形态审美和音乐美感教育两方面，音乐形态审美更多是指向对音乐作品本身的构成、形式、体裁等音乐基本要素的审美认知；音乐美感教育是指对培养人欣赏音乐、鉴赏音乐的能力，以及在长期的音乐学习中形成的音乐价值品格，即音乐对个体审美感知、审美情感、审美体验等审美心理能力的培养与塑造。音乐美感教育肯定了音乐的审美性在音乐教育中的重要性，使音乐教育的教学目的更加侧重于培养人的审美能力，构建人的审美心理结构，完善人格；明确了人作为音乐教育活动的主体，在教育活动中的主动参与性。音乐课程中的人文性、审美性、实践性是相辅相成、共同实现音乐教学活动的三个方面。音乐课程的审美性贯穿音乐教学的始终，个体音乐审美能力的建构立足于人的本体，坚持以人为本的教学原则，重视人在音乐活动中的直观感受与情感发展；以音乐为本、以美育人，充分发挥音乐美感教育的功能，关注音乐本体与情感体验之间的相互关联，使学生更好地进行音乐情感体验，达到审美体验的教学效果。

课堂观察与音乐教师PCK

PCK是什么？音乐教师PCK的内涵是什么？这是我们要明确的。如何通过音乐课堂观察提升音乐教师的PCK？这也是我们研究的重要内容之一，王秀萍在《PCK概念及其对我国音乐教育的启示》一文中阐述了PCK概念问题，现与同行们一起学习、探讨。

教师个人教学经验、教师学科内容知识和教与学的特殊整合

在课程实施过程中，我们经常见到这样的现象：不同的教师上相同内容的课，往往会有截然不同的教学效果。这表明教师的水平有差异。有些教师难以将学科知识有效地表征为学生能懂的知识，因而难以让学生真正掌握学科知识。这一情形表明教师如何将学科知识表征为学生能懂的知识应该受到关注。学科教学知识（Pedagogical Content Knowledge，PCK）正是用来解释和解决这一问题。1986年时任美国教育研究会主席的舒尔曼教授在《教育研究者》发表了一份研究报告，文中首次提出学科教学知识概念，并将其定义为"教师个人教学经验、教师学科内容知识和教与学的特殊整合"（图1）。

图1　PCK图解

舒尔曼把PCK作为教师最有用的知识，能够区分教师与学科专家，所以教师区别于物理学家、天文学家、化学家的主要不在于他们掌握知识的广度与深度，而是看他们能否把自己的学科知识经过更好的组织编排传授给学生，让学生能够更好地吸收和消化。

图1表明，教师必须具有CK（学科知识）与PK（教育学知识）两种知识，教师的专业性并不只是体现在拥有CK与PK这两种知识，而是体现在这两种知识的融合上。

基于课堂观察LICC范式提高音乐教师的PCK，我们把它分为动态转化阶段和静态转化阶段（图2）。

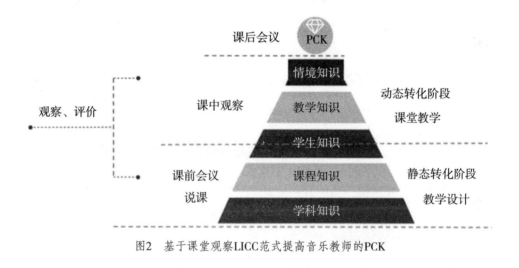

图2　基于课堂观察LICC范式提高音乐教师的PCK

一、静态转化阶段：教学前——教学设计能力（CK与PK的融合）

静态阶段是音乐学科知识与教育学知识相交后教师对音乐学科知识的学生化表征或转化。称它为静态的理由是它实际上是教学设计阶段。其能力表现为对《义务教育音乐课程标准》的认识与理解、对教科书和课程知识的认识与理解、对音乐教学法的掌握与运用和对学生学情的有效分析等。

二、动态转化阶段：教学中——教学实施能力

动态阶段是指音乐学科知识进行学生化表征或转化后，要在教育情景现场被检验，以学生最终获得音乐学科知识为标准。其实质是指教学实施阶段。其能力表现为个人专业知识与技能的运用、对教材和课程的把控能力、课堂的组织能力、课堂上的应变机智和知识迁移能力等。

三、音乐教师PCK，具备的各项条件

第一，需要具有音乐学科、教育学与情境三类知识，并以音乐学科知识为基石。音乐教师的专业性并不是指分别拥有三种知识，而是指彼此的融合。

第二，把基石地位的音乐学科知识与教育学知识进行融合。教育学知识的核心是理解教育对象、为教育对象着想，所以音乐学科知识与教育学知识的融合就是指从学生愿意投入、能理解的角度重新组织音乐学科知识。音乐教师把音乐作品用学生能理解的方式重新诠释并呈现音乐作品，这是音乐教师创造性、专业性的集中体现。

第三，融合了前两类知识后再与教育情境融合。从学生学习方式出发，以学生能理解、有兴趣参与的方式，让全体学生成为音乐作品的操作者、呈现者，这种转向是音乐情境知识的内涵，是音乐教学的实践智慧，是音乐教师专业能力（PCK）的最高体现。

由此可见，要想通过课堂观察提高音乐教师的PCK，在课前会议上要考察教师的PK和CK的静态融合能力即说课，在课中观察考察教师PK和CK的动态实践能力即课堂实施，以及课后会议的自我反思总结能力，以及勇于接纳他人建议的良好心态。课堂观察对PCK能力提升的作用示意图表（见表1）。

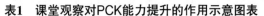

表1 课堂观察对PCK能力提升的作用示意图表

课前会议	被观察者	课堂内容的主题问题	教育学知识与音乐学科知识	静态转化阶段	提升PCK（观察者与被观察者）
		教学思想与方法			
		个人音乐专业技能运用			
		学情问题，学优生与学困生的座位在哪里？			
		教什么？重难点在哪里？			
		课堂结构问题			
		怎样对学生学习评价？			
	观察者与被观察者交流				
	双方商定，确定观察点				
课中观察	定量观察：运用观察工具，按预先设置的分类行为进行数据记录		课堂教学情境	动态转化阶段	
	定性观察：根据观察纲要，收集对课堂事件的信息材料，用文字记录现场感受与领悟				
课后会议	被观察者自我反思		能力的转化	静态与动态转化后的融合	
	观察者的观察报告（观察结果陈述）				
	成功之处	讨论与总结			
	个人特色				
	存在的问题				
	改进建议				

在这里，我们尝试通过观察量表关注音乐教师在不同课型的教学过程，凸显PCK教学实践性特点，而且可以对教师的PCK水平进行量化分析。同时，可以发现音乐教师在PCK中存在的问题，进而为提升音乐教师的PCK水平提供方向和参考。

中小学音乐课堂教学的课型目前主要有三种：唱歌课、欣赏课、器乐课等。多种课型对学生的培养重点各不相同，唱歌侧重培养学生的歌唱能力，欣赏课侧重于培养学生的音乐感知力和音乐想象力，器乐课则侧重培养学生掌握一件小乐器的演奏技能，从而打开自主学习音乐大门的钥匙。不同的课型，对于音乐教师的专业技能、专业知识、教学手段和方法以及课堂教学的实施能力也有不同的要求，在课堂观察LICC范式的基础上，不同课型就应量身定制不同的观察量表。

如何评价音乐教师PCK提升的效度

教师学科教学知识（PCK）是教师在真实教学实践情境中自主地将学科知识（CK）和教学知识（PK）通过教育叙事、教学实践反思、课程动态建构等方式进行自我生成的系统知识体系，具有专业性、个体性、实践性、融合性、转化性、建构性、生成性和缄默性等特征。这也是教学信念、课程知识、学生理解科学的知识、教学情境知识、教学策略知识、学习结果知识、素养评价知识的集合体。教师学科教学知识（PCK）是对传统"灌输式""填鸭式"教学方法以及根深蒂固的应试教育传统观念的现实超越，使课堂教学知识传授更具有人性化、动态化、生成化属性，并在教育真实场域中为学生核心素养培育提供了广阔发展空间，同时为教师专业发展奠定了基础。

对教师PCK成长跟踪表的开发与运用

　　教师PCK成长跟踪表是以观察点为起跑线，结合具体的课以及观察者的特点进行开发的。从观察课的目标、重点、难点及具体分析观察对象（内容）的要素下手，寻找出清晰的目标指向，再根据观察课的具体情境设计观察量表。

　　紧扣目标，找准基点。课堂观察的起点和归宿都是指向学生课堂学习的改善。观察者必须重点观察学科课程目标的达成水平，立足"三个视点"：双基目标、过程目标、情感目标；"两条视线"：学生参与状态、教师调控策略。例如在小学音乐课堂教学常规中的观察量表可以从以下几个观察点进行量表的设计：学生学习、教师教学、课堂性质、课堂文化。从中可以很明显地感受到量表的开发都是以学科课程目标的达成水平而设定的。

　　建立PCK表征方式和共享机制，基于情境，以问题为中心，资源整合，多种方式提升教师水平。当教师带着自己对这些所教学科内容和"如何教"的理解进入课堂中来的时候，他就参与到了教研组这个"场域"中，获得了"合法的身份"。这种"边缘性参与"并不是意味着"不重要、外围"，而是赋予了成员一种多元、多样的参与方式。在观课活动中，教师可以通过"合法的边缘性参与"进行学习。从理论上讲，只有扎根课堂，实实在在地解决好课堂教学中的突出问题，以改变课堂教学的不良现状，从而努力提升课堂教学的水平和质量，才能体现出教研活动的价值和意义。在教研活动中，教师亲历现场，亲历问题解决的过程，才能体验到自己采用的方式和效果，才能获得"经验"，通过参与来丰富自己的"经验库"。

　　而事实也证明，在教研活动中采用教师PCK跟踪记录表让所有的教师都有机会参与专业发展活动，"使教师之间相互学习，在职业上不断发展"；教师的参与使他们获得了学习的机会，参与使教师获得了专业发展的可能。教师的PCK是一种实践性知识，又有一定的缄默性。（教研活动的）参与者往往带着教学实际中的问题来到现场，甚至通过"只可意会，不可言传"的方式找出解决问题的办法。解决问题作为一种认知活动或思维活动，与知识的关系体现在两个方面：一是知识影响解决问题，二是解决问题是知识获得的重要途径。教师在解决问题的过程中，获得了知识，专业水平得到了提升。因此，教师PCK成长跟踪表对教师的专业发展起到了重要的促进作用。

同课异构等多形式的课例展示活动

同课异构能够使教师们关注教学内容，主动学习，具有一致性、持续性，并共同参与。比照课例研究的特征与能够促进教师有效专业发展的特征，会发现两者的特征有很多重合的地方，从这个角度看，课例研究具有促进教师专业有效发展的特征。

同课异构，是课例研讨的典型模式，也是改善教师专业知识储备的一种途径，更是丰富教师专业知识的途径之一。这让教师有机会与教师同伴、研究者共同参与课前讨论、观课和课后评课的活动。在整个课堂学习研究活动的过程中，教师能较深入地探讨相当广泛的内容，从教学设计到学生知识结构等方方面面。这里，教师集体参与、同伴互助的合作方式是教师可分享知识和促进反思的重要条件。同课异构是一个由证据支持的、持续改进教师教学的教研模式。它围绕学科中的特定主题，通过教师集体合作的教案设计，再到教师参与真实的课堂观察，并在课后对所观察的材料进行讨论进而修正教学方案。在这一过程中，正是通过展现课堂的"样貌"及教师"如何"教学，并将二者整合在一起，形成了围绕一个主题的学科教学法知识。

有研究者认为，教师的PCK可通过课例研究激活、提炼、改善进而发展。教师在课例研究中需要解决具体情境下特定学科内容的教学问题，这一问题的解决过程也是教师的"教"与学生的"学"之间的互动过程。在这一过程中，教师作为一名研究者研究自己的教学与学生的学习，教师同时也是作为一名学习者参与其中，教师PCK也在这个过程中得到发展。反过来说，PCK的发展也将促进教师课堂"教"与"学"的改进。综上所述，有许多研究者及相关研究都已经证明同课异构对于教师专业发展的多个方面有积极的影响作用，不仅促进教师主题教学知识的发展及课堂教学实践的改进，也是作为教师分享专业知识和进行反思与学习的重要途径之一。"教学相长"不仅是教育教学的基本规律，也是教师专业发展的规律，在"学习共同体"中，教师不仅提升自身"教"的能力，同时也在提升"学"的能力，而"教"与"学"不断相互促进。教师专业"学习共同体"不仅能使教师在教育教学工作中满足学生知识学习、能力发展及潜能激发，又能使教师得到充分的专业发展。

个人的研究成果与学术影响力

　　研究成果与学术影响力对教师个人的影响非常大。这种强调过程性和发展性的评价反馈既是一种对教师的诊断和鉴定，也是对教师参与型的激励。同时，教师参与到对活动的评价反馈中，则是其自身需求得到满足的一种倡导模式，更进一步地发掘了教师自身需求在教育教学活动中的重要性。而当外界对教师个人的评价反馈都能有效推进的时候，教师个人的发展需求就能得到基本满足。

　　教师获得的研究成果和学术影响力首先要从教师本身的专业发展需求出发，教师可以亲身体会专业发展活动对教育教学的影响，并以这些作为反馈的实践依据从而对专业发展活动的有效性做出判断。这样的好处不言而喻，专业发展活动的目标、形式、内容对教师本身的需求是否能产生积极的效用，通过这种评价与反馈可以清晰地得到体现。当两者匹配度出现问题，活动与教育教学需求的方向出现偏差时，可以进行及时调整，保证教师需求得到基本满足。教师的学科教学知识（PCK）有镶嵌于具体教学情境的隐性教学智慧，它是一种动态的、稍纵即逝的现象，是教师个体在长期实践过程中逐步积累和建构起来的实践性知识。但是，这些知识和经验往往都是以个体知识、隐性知识的形式存在，只有把这些隐性知识显性化，使之成为能够被周围教师所理解和使用的公共知识，才能使得这个群体知识的总量增加，对包括PCK在内的教师个人知识增长和专业发展起到重要作用。

　　教师应该自主学习，不断提高自身的专业素质，树立终身学习的理念，通过对专业知识的探索与钻研来弥补专业技能的不足，更新学习前瞻性教学思想以及教育理论，向专家学以及向实践学，尽量多地参与公开课学习，让专业化音乐知识从书本逐渐走向课堂，进而从理论知识走向生活实践，提升教育理念、素养与教育教学水平。采用合理化的方法去认识问题以及解决问题，进而使抽象认识转化为理性认识，由表面深入到现象本质。通过研究成果与学术影响力不断提升教师的PCK。

对学生的学习评价

    PCK的核心是关于学科内容知识向学生有效表征的一类知识，为了以学生们更容易理解的方式表征学科内容知识，必须知道学生关于学科知识的观念是什么，存在何种疑问、有什么困难和误解等，而这恰好就与课例研讨所追求的以学生为中心的课堂的旨趣相契合。构建"学"为中心的课堂，不仅是为了实现学生的学习权，也是为了支持教师的学习。

    教师在课后研讨会上对研究课上学生的学习情况做出反馈，每一位参与研讨的教师都从不同的经验与视角出发，报告与分享他们所观察到的现象，在分享的过程中，教师们的观点相互交融，最终形成异彩纷呈的关于学生学习的丰富的观点，而这恰好就是PCK有效性发展的契机。

    教师PCK的发展以关于学生理解的知识为中心，整体、融合发展，因此发展教师关于学生理解的知识，会成为PCK发展的基础，也只有当我们对学生的学习经验、学习起点、学习风格、迷思概念、学习困难等学习者的状态都更了解的时候，我们才能够真正站在学习者的视角看待课堂教学，才能让教学设计更符合学生的需求。了解学生的学习最关键的一点就是形成关于学生学习的丰富的见解。教师个人关于学生的知识主要来源于自身的教学实践，是感知性和经验化的。音乐评价一定要重视音乐学科具有较强实践性的特点，重视对学生在学习过程中的个性发展的评价，培养学生对音乐的兴趣，发掘学生的音乐潜能，发挥学生的特长，帮助学生认识自我，建立自信，以评促学。教师对学生的评价要从各个不同侧面、全面了解学生，以激励性、鼓舞性、教育性评价为主，对学生进行客观全面的评价，真正成为学生发展的引导者。

在教学过程中，教师要根据音乐活动的实际情况，把自评、互评与教师评价结合起来，以评促学，对学生做出客观公正的学习评价结果，不断促进自我专业能力的提升。

在学校与社会中的影响度

随着优秀教师、名师、卓越教师等教师培养计划的颁布、推进和落实，基于学生核心素养视角下教师学科教学知识的内涵、发展被赋予新时代标签。教师PCK是学科知识和教学知识的集合体，核心素养背景下教师学科知识和教学知识需要增加新的因素，培养契合时代发展所需要的国际化人才，才能提高学生的核心素养的培养效果。教师的研修不仅仅只针对其自身的学识和修养，同样也针对外部教育环境乃至社会对教师的要求，这是双向选择的结果。

一方面，学习共同体模式激励教师进行持续的专业发展，以适应教育环境的变革，也适应学校的改革，而教师通过长期的学习和互相促进逐步接近乃至达成自身的成长愿景，是一种双赢的模式。也就是说，学习共同体模式的建构过程中，不仅仅局限在教师专业，或只在参与专业发展活动时能够具有学习意识，而是持续性地保持学习意识。这种成就感和自豪感将会成为他们专业发展的更大动力。

另一方面，这也是对其他教师的鞭策，在自己还在茫然地找着专业发展方向时，别的教师都已经取得了较好的成绩，这就从侧面提醒着教师们更深入地去反思自己走过的专业发展之路，从而更好地规划接下来的专业发展目标。因为，教师的专业发展归根到底还是回到教师自身价值的实现上来，学校愿意为教师提供这样一个充分展示自身专业发展的机会，教师们肯定会从中找到更多的内驱动力来推动自己的专业发展。

如何深化教师PCK与新时代学生核心素养培育的适切性，是今后研究的方向。与此同时，借鉴"冰山理论"探究教师学科教学知识转化过程中内隐特征和外显特质，对于提升教师在学校与社会中的影响度从而促进教师PCK的发展具有重要的现实意义和价值。

满满的幸福感

两年以来，我们专注与课题的研究中，有汗水也有辛勤的付出，但更多的收获。所有的一切，都化为幸福的笑容，这是音乐教师的幸福感，是我们教育生涯中一道华丽轨迹。如今，全市中小学的音乐教学都在开展音乐课堂观察活动，涌现出一大批音乐教学骨干力量。在收获实践研究成果的同时，老师们的教育理论也在逐步提升，课题组成员撰写了30多篇论文。在这里，我们摘录了其中几篇分享给大家，文章说不上很优秀，但是我们对音乐教学的理解得到进一步升华，希望文章能对大家有所帮助和启示，也是表现我们对音乐教育的追求与情怀。

教师专业发展的国际比较与应用

——又谈"以学生为中心"的教师培养

郑学智

一、"以学生为中心"的教育理念

　　Student-centered learning，即"以学生为中心"的教育理念，最早由美国人本主义心理学家卡尔·罗杰斯于20世纪50年代提出。他相信学生具有学习的动力与自主性，而教学可以激发学生的这种主动性，把学生的"自由解放出来"，推动他们个性的"充分地运转"，以达到"人人自我确定"而敞开其创造力的目的。

　　"以学生为中心"的教育理念与传统教育理念有三个方面不同。从目标来看，"以学生为中心"的目标是培养全面发展的人，而不仅是关注考试与标准答案。从教学过程来看，"以学生为中心"的教学模式会创造一种真诚、关心、理解的，促进学习氛围的环境，而不是"教师讲、学生听，教师教、学生学"的填鸭式教学。从评估方式来看，"以学生为中心"的教育理念鼓励学生进行自我反思、自我认知、自主评价，而不仅仅是由教育者进行外部评价。

　　"以学生为中心"的教育理念，一方面，能满足人口多元化的不同层次需求；另一方面，也是由各国环境所决定。如美国大学的录取标准不仅看标准化考试成绩，同时也会综合考虑学生的课外活动、个性特点，因此，这种教育理念有利于学生发现自我、发展个性。在参访的近20余所中小学及教育中心中，绝大部分机构秉持这一理念，并做出一系列改革和尝试。接下来将介绍美国的三所学校在"以学生为中心"方面的实践。

1. 自主学习

自主学习是"以学生为中心"教育理念的原则之一，它希望学生的自主性能被激发，从而主动学习。目前，学校教学改革侧重点是使学生从被动学习转变为以学生为中心的学习：把思考的重担交给学生，学生积极参与，教师是课堂的组织者和促进者。理想的"以学生为中心"的学习包括8个要素：①建立学习目标；②理性思考；③理念得到应用；④鼓励讨论表述；⑤鼓励有的放矢；⑥能够流利理解；⑦学习困难者向正确方向努力；⑧以数据为证据思考。

通过对部分国家观察，可以看出其侧重点：①制造一个清晰的学习目标内容；②鼓励有意义思考表达；③以数据为证据思考。

2. 差异化教学

差异化教学也是"以学生为中心"教育理念的重大体现。它鼓励学校和教师深入理解学生，有利于满足不同类型学生的需求，从而提高教学效果。Weston High School是康州公立学校中的佼佼者，是全美"绿丝带"学校，88%的学生可提前申请大学。学校在教师在职培训方面，本学年关注的重点是差异化教学。在美国，公立学校无法自主选择学生，学生的天赋、兴趣和学习水平有较大差异，因此，教师教学的重点是教授学习理念给不同程度的学生，"差异化教学法"成为每个教师的必修课。

学校针对两类不同学生设定不同的目标：优秀学生关注学术性，开设了许多AP课程；普通学生则重点关注其情感和社会性发展。全校各学科组结合学科特点研究差异化教学的具体实施方法，如数学分层次采取协作式小组学习、视觉艺术组小班化教学等；同一学科教师组成教学伙伴，每8天举行一次例会，探讨教学中的具体问题。研讨内容主要包括教学内容、教学形式、学生学习成果评估这三个方面；学校还为学生分配生活指导教师，他们花大量时间与学生交流，深入了解学生，帮助他们进行大学申请、未来发展规划，并对他们进行情绪、社会化方面的支持。在这种模式下，学生与教师建立了良好的师生关系。

在注重差异化教学的理念下，有些国家的学校也展现出丰富多元的特色：在教学方面，学校有丰富的课程资源，学生选择性多且灵活性强；在个性发展方面，各项体育运动丰富，运动队为学校赢得了很多的荣誉；在学校氛围方面，学校注重营造学生自主探索的氛围，师生互动密切，展现出积极向上的精神风貌。

3. 特殊教育

"以学生为中心"的教育理念也体现在特殊教育中。作为社会的一部分，特殊人群急需被关注，他们的教育模式也急需改革。2019年12月7日，笔者有幸参与康州教学资源中心特教主任Stephen Proffitt教授以"特教教师和特教管理人员的培训和业务发展"为主题的讲座。在美国，特殊人群的概念更为广泛，不仅包括在身体方面有障碍的人，也包括在学习方面有障碍的人。这部分人的教学同样重要，具有重大意义。

Stephen教授重点介绍了美国的个人教育方案（Individualized Education Plans，IEP），这项计划旨在确保正在接受初等或中等教育的残疾儿童，能够接受专业的指导和相关服务。专门的委员会通过对孩子的能力进行评价，能否到普通学校随班就读，还是到特殊学校就读，最后由专家组统一形成结论。

在一些国家的师范院校，学生只有一个学分是进行特教方面的训练，但是一个学分实际上在工作当中远远不够，因此，中小学的教师和校长必须进行有关的特教训练，在特教培训过程当中，有六大标准来判断学生的进步情况是否达到预期的目标：学习交流、领导力、资源、内容、学习设计、实施等。在特教培训当中，主要是以学生的需求为中心，对相应的教师和校长进行全方位的能力培训，包括学生纪律管理、班级管理、阅读障碍的辅导培训。培训方案制定的要点包括七个方面：第一，培训的目的、目标；第二，培训的适合性、积极性和形式多样性；第三，培训当中协同合作；第四，培训的有效的方式、模式；第五，强调培训当中的专业支持、专业帮助；第六，反馈机会和渠道；第七，强调多次循环提高。

特殊教育培训普及到每一所中小学，保证每一个随班就读孩子以及在特殊学校就读的孩子，能得到有专业知识支持的教师和校长相应的服务，实现充分的发展，保证他们能力的提升。

二、以学生为中心的教师培养

在"以学生为中心"的教育理念背景下，一系列创新实践不断出现，但教师水平成为贯彻这一理念的阻碍。①高标准。对学生的要求越来越高，对教师的要求也越来越高，导致教师跟不上要求。②教育出现生产流水线化。③教师死板地执行教学计划。

针对这些问题，各国教师培训改革也呈现了三种趋势：①减轻学生和教师负担；②开展个性化教学；③加强教师培训，提高培训的创造性、灵活性。

接下来将从培训理念、培训方式创新与培训评估三方面展开讨论。

1. 培训理念

与"以学生为中心"教育理念相对应的是"以教师为中心"的培训理念。"以学生为中心"在一些地区属于新兴概念，为了让教师更好地理解这一理念并应用在教学中，不妨在教师培训时，让教师本人也体验"以教师为中心"的培训方式。

有些国家的私立高中，其办学以学生为中心，注重培养孩子的国际化视野，强调学有所用，把课堂所用应用到实际当中。学校非常重视以学生为中心的教育理念，并根据这一理念，开展教师培训。目前的培训包括三个方面：第一，学区建立网站，搜集共享优秀教师的案例。在这个网站，教师可清晰了解什么是以学生为中心的教学；第二，每年的10月30日，学区组织专家进学校听课诊断，提出改进意见。教师也需要专家的指导，逐步达成以学生为中心的教学；第三，达成以学生为中心的教学模式。最为重要的是，"以学生为中心"这一教育理念。

在教师培训中。一方面，学校高度重视教师参与培训的积极性和学习热情，利用多元活动提高教授培训的参与感；另一方面，教师培训也遵循"因材施教"的原则，根据每个教师的特点和发展阶段进行有针对性的培训。根据教师的水平进而采取有效的培训。校长通过走访和调查问卷了解教师教学水平。把学校教师按照发展水平分为几个层次，分层开展教师培训。

2. 培训方式创新

为了更好地贯彻"以学生为中心"的教育理念，需要不断创新教师培训方式，提高培训效率与效果。目前，教师培训的常见方式包括讲座、指导与评估、技术培训、给教师布置一个研究项目、互相观摩等协同培训、网上即时培训等。有些国家对教师培训创新可从以下几方面入手：①培训领导力建设；②资源配置和支持；③数据运用于分析；④加强培训设计；⑤变化培训形式；⑥构建良好的培训环境。

培训领导力建设有利于提高教师培训的参与感和自主性。以往的培训，大多是强制性、要求性的培训，教师参与意愿较低。因此，可以通过领导力建设的方式，鼓励更多教师意识到教师培训的重要性，自主参与相关培训。

资源配置和支持为培训提供更好的资源设施与培训环境。一方面，为教师培训提供设施完备的基础设施，如场地、投影设备等；另一方面，邀请资深培训师、行业专家等，为教师提供相关培训，补充教学培训资源。

数据运用有利于分析基础信息，制定培训计划，评估培训效果。利用大数据等先进科学技术，可以进行信息收集与整理。通过对这些信息的量化分析，可以在初期评估教师教学水平，从而为制定培训计划提供信息基础；在培训中期，对海量信息进行管理，有利于管理培训流程；在培训后期，通过对一系列关键定量指标的分析，有利于以更加量化、直观的方式评估培训效果。

加强培训设计有利于规范培训流程，提高培训效率。在培训前，制定具有普遍适用性的培训流程，将其归纳为培训手册，指导培训进行；在培训后，及时进行培训效果的跟踪反馈，不断进行反思改进。

变化培训形式有利于实现培训方式创新，增加教师培训趣味性，激发教师参与培训的主动性和积极性，从而提高培训效果。东安普顿中学及学区提供了一种新型的培训形式——游学体验式培训，这种培训的特点是让大家动起来，在不同层次、不同类型的学校中全方位开展体验式学习。

构建良好的培训环境，有利于提高培训体验，增强培训效果。应当营造主动向上的培训氛围，教师之间积极交流，互相沟通。

3. 评估标准

在教师培训后，培训效果评估极为重要，这不仅可以帮助我们反思培训效果，也有助于改进培训方案。各地区制定了不同的有效教学标准，围绕教学标准，通过课堂环境、教学计划、实施程序和职业责任四个维度对教师进行评估，评估方式包括正式听课、非正式听课、平时观察、反馈、撰写意见等，评估结果分为不合格、发展、良好、优秀四个等级。

培训方案的设计中，也可以体现"以学生为中心"的教育理念，康州的东安普顿学区教师评估提供了一个很好的案例。他们将评估维度划分为四个：学生发展与进步、学校办学目标、教师表现与课堂教学、家长问卷调查与反馈，评估结果包括优秀、合格、待改进、不合格。但不同的是，他们赋予每个维度不同的权重，依次为45%，5%，40%，10%。由此可见，东安普顿学区将评估重点放在了学生发展与教课水平上，足以看出对"以学生为中心"的重视。

三、总结与思考

从对各国、各地区的考察、分析与对比中，不难看出，要实实在在地推行"以学生为中心"的教育理念。这有利于满足不同类型学生的发展需求，培养更多人才；有利于推动教师培训改革，提高教师教学水平；有利于推动教学方式创新，激发教学活力。为了贯彻这一理念，笔者作为一名音乐教研员，建议各地中小学配齐配足美育教师，开齐开足美育课，并在此基础上，不断探索美育方面"以学生为中心"的教育模式，通过有效课堂观察，不断提升教师的PCK*能力；同时做好为相关教师提供高质量培训，从而为学生全面发展提供更好的条件。

［注：该文章为课题组主持人郑学智所主持的广东省教育科研"十三五"规划重点课题《基于课堂观察提升义务教育阶段音乐教师PCK能力的实践研究》（批准号2019ZQJK036）阶段性成果。*PCK是学科教学知识（Pedagogical Content Knowledge）的简称，是美国舒尔曼（Lee S. Shulman）教授提出，是教师教育学知识（PK=Pedagogical Knowledge）与学科知识（CK=Content Knowledge）的融合。Pedagogical Content Knowledge即是"教师个人教学经验、教

师学科内容知识和教育学的特殊整合"。PCK涵盖"教学内容知识（what）、教育对象的知识（who）、教学方法知识（how）三大核心"。]

参考文献：

[1]苏莉.人本主义视角下导学教师的角色与目标定位[J].广西教育学院学报，2019（3）：51-54.

[2]满晶，马欣川.罗杰斯"以学生为中心"的教学思想述评[J].外国教育研究，1993（3）：3-7.

[3]洪丕熙."以学生为中心"——罗杰斯的教学原则和它的影响[J].全球教育展望，1984（2）：23-24.

（该论文发表于《中外交流》2019年第26卷第49期）

论聆听音乐在中小学音乐课堂
教学中的实践与应用

单和仁

聆听音乐，是中小学音乐课堂教学中的一个重要环节。学生的音乐感受力、记忆力、审美力、表现力在"听"的过程中不断提升。"聆听音乐"这一教学环节直接关系着学生音乐能力的培养和课堂教学效果的提高。笔者试着从"聆听音乐"在中小学音乐教学中的实践与应用浅谈个人拙见。

一、选择好音乐作品及媒介

在音乐课堂教学中，教师一定要精心挑选音乐，避免随意性。有人做过实验：分别用多媒体和教师范唱欣赏同一首歌曲。结果表明，教师范唱效果最佳。这一实验表明学生喜欢直观、形象、生动、"接地气"的教师范唱。音乐教育家吴斌认为："在唱歌教学中，最缺乏、最薄弱的环节是范唱。范唱必须是能够感动人的、高水平的歌唱。范唱对教学来讲是学习心理的总动员，是教学成败的关键。""但是学生最终还是要听高质量、高标准的原版录音范唱。"教师也应具备一双"发现"的眼睛，注意收集相关音响、音像资料，多聆听、多比较、多感受、多鉴别，尽可能选择最优的音质、最好的版本、最有代表性的音乐在课堂上选用，以丰富教学内容，让学生获得最美好的音乐享受。

二、营造良好的音乐氛围

音乐教学时，要营造一个好的"聆听"情境。教师要在音乐教学活动中通过个人魅力、情感、着装、教学艺术以及合理安排教学内容等，创设轻松、愉悦、融洽的音乐学习氛围；音乐教室尽可能安排在相对比较安静的地方，并配备高质量的视听设备及与教学内容相适应的布置、装饰；引导学生学会集中注意力"安静"地聆听。学会尊重音乐和尊重他人也很重要，如教学初中音乐课《唱脸谱》时，在课室里挂上生、旦、净、末、丑各种角色的脸谱，摆上京胡、打击乐器等乐器，教师再着一身京剧服，国粹京剧的韵味就会浓浓地散发开来；在欣赏时，音乐中欢快的节奏、跳跃的旋律、奔放的锣鼓、京剧的唱腔，以及教师恰当的语言和表情，适时地唱、念、做、打，都能激起学生良好的欣赏情绪，从而得到对京剧更深刻的体验。

三、把握好聆听音乐的时机

在课堂教学过程中，教师把握好呈现音乐的时机，最大限度地引导学生在积极状态下充分地聆听音乐，从音乐的聆听中感受和发现美，展开丰富的联想和想象，对教学起到事半功倍的效果。

课首播放音乐，学生对音乐充满着期待，可以快速激发学生学习音乐的兴趣；课中播放音乐，应根据课堂教学实际需要，充分利用音乐的弥散性，灵活多样地不停地呈现音乐，但又不能机械地、枯燥地重复音乐。例如，有时将音乐作为音乐活动的背景音乐播放，让学生有意或"无意"地强化学生听音乐；在课尾播放音乐，既可以巩固学生本课所学的音乐，又能给学生留下深刻的记忆，同时还可以引导学生课后加强练习，一举多得。

四、采用灵活多变的方法聆听

教师在开展"以听为中心"的音乐教学过程中，不能局限于某种模式之中，要善于灵活运用多种方式围绕"听"开展多种多样的教学活动。如边听音乐边画旋律线；哼唱或用乐器演奏音乐作品，熟悉和背记音乐主题或主要片段；也可以结合音乐情绪引导学生随音乐进行身体律动或即兴表演。但必须注意不要因为采用多种多样的"辅助形式"，而忽略了"聆听音乐"这个主要环节。

如果要让学生掌握某种音乐体裁或风格流派，必须让学生聆听一定数量的同类作品，这样可以加深学生对同一体裁音乐作品的感受和体验。教师在教学中应具备音乐永远以整体的方式进行的教学指导思想。《义务教育音乐课程标准（2011年版）》指出："完整而充分地聆听音乐作品，在音乐体验与感受中，享受音乐审美过程的愉悦，体验与理解音乐的感性特征与精神内涵。"只要音乐被肢解，就不可能感受到音乐的魅力，就不可能有丰富的情感体验。风格流派的感受、判断主要靠大量的比较聆听来积累。

音乐欣赏时教师的讲解和提示，应力求语言简明、生动，可采用课前印发阅读资料、布置学生收集和查找有关资料等方式，帮助学生了解与欣赏曲目相关的音乐常识、作者生平、时代背景、创作意图等知识性内容，以减少课堂上"说"的时间，使"听"的时间更加充裕。

五、注意聆听音乐的对象

"聆听音乐"的教学，一定要关注聆听音乐的对象。一是要考虑学生的生活经验。二是要充分考虑学生的年龄特点。三是要尊重学生的兴趣。要蹲下身来，深入学生中间，了解他们喜欢的音乐，教师一定要尊重学生们喜欢的音乐，才能教好学生们。

聆听音乐时，应引导学生将生活经验与音乐作品联系起来，并产生联想和想象。对于小学生，重点培养他们感知音乐的能力，可利用生动形象的故事、诗歌、语言和图画、音像等，引导学生理解和感受音乐，降低学习音乐的难度；对于初中生，重点培养他们理解音乐的能力，可以采用对比的方法，引导学生理解作曲家为什么要用这样的音乐要素来表现作品；对于高中生，重点培养他们鉴赏音乐的能力，更多的是引导学生如何评价音乐作品。

六、充分尊重孩子对音乐的不同感受

当人们怀着不同的情绪时，对同一首音乐作品可能有着完全不同的感受和理解。另外，由于每个同学的生活经验不可能完全一样，《义务教育音乐课程标准（2011年版）》指出："音乐音响不具有语意的确定性和事物形态的具象性。"不同的学生对同一音乐作品的理解和感受不一样是很正常的。正如"世上没有两片相同的树叶"一样，教师应重视和尊重学生在欣赏音乐时感受和体验的独特性和过程性，不要用个人的理解代替学生的感受，不提供"标准答案"，鼓励学生勇于表达个人见解，乐于与他人分享体验，在体验中收获经验，并得到情感上的愉悦。

［注：该文章为广东省教育科研"十三五规划"2019年度教科研重点课题《基于课堂观察提升义务教育阶段音乐教师PCK能力的实践研究》（课题批准号：2019ZQJK036）的阶段性成果］

（该文发表于《教育科学》2020年11—12月刊）

如何对中小学聆听音乐教学进行课堂观察

单和仁

本话题从广东省教育科研"十三五规划"2019年度教科研重点课题《基于课堂观察提升义务教育阶段音乐教师PCK能力的实践研究》课题组组织的调研开始：为了更好地了解并提升本市中小学音乐教师的PCK能力，笔者作为课题组成员随同课题组深入中小学音乐课堂调研。在中小学音乐教学中，唱、演、奏、赏、创等一系列艺术实践都离不开聆听音乐，可以说没有聆听音乐就无法进行音乐教学实践活动。引导学生聆听音乐、体验音乐，提高学生的音乐听觉能力应贯穿于整个音乐教学活动中，是音乐教学的中心环节。笔者试着从中小学音乐教学中的"聆听音乐"的"听点"及观察"聆听音乐"的教学等方面谈点个人体会。

一、"聆听音乐"的"听点"

学生聆听音乐时，到底应该"听"什么呢？音乐就是指通过有组织的声音所塑造的艺术形象来表达人们丰富情感和反映社会现实生活的一种艺术。音乐的定义很好地解释了这个问题，声音主要是通过以下三个方面内容的组织而形成音乐的。

1. 音乐基本要素

音乐主要是通过节奏、节拍、旋律、和声、音色、力度、速度、调式等要素来表现。不论以哪种方式聆听音乐，都要以音乐要素的感知为基础。在中小学音乐教学中，应充分揭示音乐要素在音乐中的表现作用，让学生亲身感受并

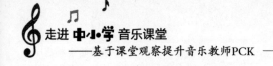

体验到音乐中最"刻骨铭心"的、最富有表现力的部分。

2. 音乐体裁形式

聆听音乐时，仅感受和辨别基本音乐要素是不够的，还应感知音乐作品的体裁和形式，以便帮助学生分辨音乐结构，了解音乐全貌。

3. 音乐风格流派

世界丰富多彩，音乐虽然没有国界，但是不同国家、民族和地区的音乐往往会具有不同的风格。音乐风格主要从时代、地域、民族、流派、个人等方面表现。同时，让学生了解音乐作品的创作背景，创作者的生平、创作特点、价值观、世界观、艺术观等，以加深学生对音乐作品风格流派特征的理解认识。

二、观察"聆听音乐"的教学

有人说："课堂改革的失败不一定在于教师，而成功则一定在于教师。"的确，中小学音乐教师的PCK能力直接影响着音乐教学的效果。如何提升中小学音乐教师的PCK能力呢？课堂观察是一种有效的方式，是课堂研究广为使用的一种研究方法。通过观察课堂教学，在观察者的帮助下，用数据说话，被观察者不断反思自己的教学行为，并不断改进教学，从而提升教师的PCK能力，这是我们目前所推崇的区域化中小学音乐教师"研训"手段。

如何观察"聆听音乐"的教学呢？笔者借鉴华东师范大学课程与教学研究所副所长崔允漷教授提出的"课堂观察LICC范式"，设置了观察量表。观察点主要从学生学习、教师教学、课堂文化、课程性质四个维度选取，本文重点观察影响聆听音乐的因素。

1. 学生学习维度观察点

（1）有多少学生聆听音乐？

（2）有多少学生聆听他人展示的音乐作品？

（3）聆听时，学生有哪些体验行为（律动"舞蹈"、唱歌、画画、演奏、画旋律线、静听、记录、其他）？有多少人发生这样的行为？

2. 教师教学维度观察点

（1）教师如何呈现音乐（唱歌、播放CD、播放VCD、演奏"伴奏"、其他）?

（2）哪些教学环节播放了音乐？播放多长时间？

（3）教师运用了哪些方法（对比、重复、分主题片段）引导学生感受和体验音乐？

（4）播放音乐时教师有哪些引导学生体验音乐的行为？

（5）教师面对学生对音乐的不同感受时有什么反应？

3. 课堂文化维度观察点

（1）音乐的氛围怎样？

（2）音响、音乐的质量怎样？

4. 课程性质维度观察点

（1）怎样处理音乐的？

（2）音乐的选取是否恰当？

（3）预设了哪些音乐？创作（生成）了哪些音乐？向学生推荐了哪些音乐？

可以设置为"聆听音乐"的教学量表（见表1）：

表1 "聆听音乐"的教学量表

学校		学校性质	农村（中学、小学）、城镇（中学、小学）		
班级		课题			
授课人		授课时间			
维度		观察点列举			记录
学生学习		1. 有多少学生聆听音乐？			
		2. 有多少学生聆听他人展示的音乐作品？			
		3. 聆听时，学生有哪些体验行为（律动"舞蹈"、唱歌、画画、演奏、画旋律线、静听、记录、其他）？有多少人发生这样的行为？			
教师教学		1. 教师如何呈现音乐（唱歌、播放CD、播放VCD、演奏"伴奏"、其他）？			
		2. 哪些教学环节播放了音乐？播放多长时间？			
		3. 教师运用了哪些方法（对比、重复、分主题片段）引导学生感受和体验音乐？			

续 表

维度	观察点列举	记录
教师教学	4.播放音乐时教师有哪些引导学生体验音乐的行为？	
	5.教师面对学生对音乐的不同感受时有什么反应？	
课堂文化	1.音乐的氛围怎样？	
	2.音响、音乐的质量怎样？	
课程性质	1.怎样处理音乐的？	
	2.音乐的选取是否恰当？	
	3.预设了哪些音乐？创作（生成）了哪些音乐？向学生推荐了哪些音乐？	
记录人		

诚然，观察量表是动态变化的，对于不同的课型（唱歌课、欣赏课、综合课等）要设置不同的观察点和量化指标。若精力和人手有限，仅仅选取某个维度的观察点来观察也未尝不可。量表即便有不够完美的地方，也并不会影响我们通过课堂观察提升音乐教师PCK能力的努力。事实上，发现问题总比不知道问题要好得多。

观察结束时，对数据进行统计是必不可少的，还要进行数据分析，最后形成观察报告。同一名观察者，每次观察应进行数据对比分析，以便了解教师PCK能力的变化和提升。

美国音乐教育家艾伦·科普兰曾指出："如果你要更好地理解音乐，再也没有比聆听音乐更重要的了，什么也代替不了聆听音乐。"遵循教学规律，尊重学科属性，才是搞好教学之根本。"聆听音乐"的教学，尽管还有很长的路要走，但"听"音乐的过程，既是音乐教学的过程，也是享受音乐的过程，中小学音乐教师一起努力吧！

［注：该文章为广东省教育科研"十三五规划"2019年度教科研重点课题《基于课堂观察提升义务教育阶段音乐教师PCK能力的实践研究》（课题批准号：2019ZQJK036）的阶段性成果］

参考文献：

［1］杜磊.音乐教学应注意的50个细节［M］.福州：福建教育出版社，2014.

［2］沈毅，崔允漷.课堂观察：走向专业的听评课［M］.上海：华东师范大学出版社，2008.

［3］中华人民共和国教育部.义务教育音乐课程标准（2011年版）［M］.北京：北京师范大学出版社，2012.

［4］吴斌.怎样唱会歌\唱好歌\会唱歌［EB/OL］.（2012-10-24）http：//www.360doc.com/content/12/1024/08/6480400_243409450.shtml.

（该文发表于《教育》文摘版2020年10—11月刊）

基于三元维度的小学音乐教学的实践与探索

叶伟玲

三元维度的音乐教学法可以说是我国音乐教育发展多年以来，在课堂当中实践与研究的基础之上总结出来的内容。最初我国根据学习与思维的教育观点指导，力图在音乐学科当中以形象思维为突破口，以情感体验为途径，将音乐思维与情感体验更好地结合起来。这就明确了早期我们运用音乐思维，通过韵律、节奏、音色、和声等基本要素来向学生传达，作者对于美的情感体验的教学方式。到后来我们开始认识到想要真正拥有完整的情感体验，必须要融入到相关的文化背景当中，所以文化也进入到了三元维度的教学理论当中。可以说，在今天三元维度的教学理论，对于我们的整体教学向前推进仍然有着强大的力量。

一、正确认识三元维度音乐教学理论

1. 三元维度教学的目的是为了发展学生的全面性思维

我国最初的三元维度教学理论奠基者是原北京市教育学院院长温寒江。温教授认为人类的基本思维有两种，一种是形象思维，一种是抽象思维，人类的思维形式没有高低之分，是两种思维共同存在的模式。因此，一个人想要全面发展，就必须要促使抽象思维和形象思维共同进步，这样才能成为一个全面的人。而教育的目的是为了促使人的全面发展，因此全面性思维也就成为教育思想当中的重要部分。同时，温教授还认为思维是整个学习的核心，并且思维是可以操作的。一方面来说，温教授认为思维是学生学习能力提高的关键，同时思维的表现形式也不仅是在语言当中，还包括图形、声音动作等都是思维锻炼的材料。对于头脑中事物的理解以及对不同事物的牵引想象，都是人们思维的表现形式。因此，在音乐教学当中，通过听觉思维作为基础，可以抓住学生的学习核心，解决教学当中的诸多问题。

2. 三元维度的教学共同促进学生对于音乐的审美

一直以来，无论是在国内还是在国外，人们对于音乐教育的认识都有一个共同点，那就是音乐确实能够促进学生形成良好的审美能力。其实这一观点最早出现在美国音乐教育家雷默的著作当中。雷默认为，音乐本身具有审美的功能，因此音乐教学也会具有唤醒人们审美能力的功能，由这个功能，音乐教学可以支撑起其他元素的培养。音乐教学的核心是音乐听觉，对于音乐一切的感知都要建立在听觉的基础之上。但同时音乐教育也不等同于技能的培养。可以说，音乐教育的重点在于音乐性，而不是音乐技巧的培训。

通过这种观点，我们可以看出雷默对于音乐的理解以及对于音乐教育的理解是比较特殊的。他不仅抽离出了音乐教育在诸多基础教育当中的特殊性，更将自己对于音乐审美的感受融入了音乐教学的理论当中。可以说，在后来的教学实践当中，我们逐渐认识到了雷默这种观点的正确性。我们确实可以从学生的学习成果当中感受到音乐教学中的审美教学内容，会给学生带来巨大的改变，这不仅会使学生在音乐学科内部发生变化，更会促使学生在日常的生活和其他学科的学习当中展现出更好的状态。因此，对于音乐审美性教育的重视，也是三元维度音乐教学法当中的重要组成部分。

3. 人本主义让三元维度音乐教育与现实生活相连接

除了对于学生思维的全面发展，以及对于学生审美能力的培养之外，三元维度音乐教学理论当中还有一个十分重要的组成部分，那就是马斯洛的人本主义理论。在马斯洛的理论当中，强调审美活动是一种基本的生存方式，是集合了真善美于一身的一种活动，对于一个人的人格养成具有很重要的意义。同时，马斯洛还强调人本主义强调爱和创造性，强调自我表达，自主实践责任心。这些元素会最终驱使学生构建更加完善的人格。同时学生在学习的过程当中具有主体性，应该允许学生独立学习，培养学生独立思考的能力，承认学生试错的价值。

我们之所以要在三元维度的教学当中融入人文主义的理论，是因为无论是全面思维的发展，还是审美教育的实践，都带有很强的抽象性，而人本主义将我们的教学拉回到与现实生活相关的层面。审美是一种意识上的活动，因此与实际生活会有一定的差别。学生只有确立了人本主义的思想，才可能在未来的音乐学习当中真正意识到真善美，对于审美的重要性，将自身的审美取向与真正美好的东西关联起来。

二、基于三元维度音乐教学理论的小学音乐教学策略

1. 通过音乐听觉思维训练，提高学生的音乐能力

在三元维度当中，最基础的内容就是思维。说到底音乐还是听觉的艺术，因此学生对于音乐的所有认识都要从听觉出发。听觉与听觉思维是两个不同的概念，在音乐教学的过程当中，我们会融合两个概念共同对学生进行教学。

首先，必须要建立学生的听觉思维训练系统。也就是说，在训练学生的听力过程当中，要对于音乐的基本要素，比如音高音强音长音色和综合音乐要素，比如旋律节奏结构合声等，有清晰的感知。通过反复的练习，让学生可以更快更准确地认清这些要素。当学生可以基本掌握这些要素的时候，再让学生通过联想等思维方法，去获得音乐情感的体验，理解音乐的表现，了解音乐风格的特征。然后才可能让学生通过演唱甚至是创作的方式，表达自己对于音乐的理解。其次，音乐听觉思维的训练要以音响为基础。音乐听觉思维的训练教学是必须要通过音乐音响的播放来完成的，单纯的理论知识不可能让学生理解音乐的内容。可以说音乐听觉思维的训练既是一种教学的过程，又是一种让学生通过自己本能的反应自然而然去理解的过程。在学生感知到了音乐的基础之上，我们再对其进行理论化的描述，这样学生才可能会学习音乐。再次，音乐听觉思维的训练要和其他的学习内容相结合。我们必须要承认，听觉思维的训练是有自己的系统的，但是这并不意味着音乐听觉思维的训练，需要独立在其他的音乐教学之外。事实上，让听觉训练与其他的教学内容，比如唱歌、器乐演奏、音乐欣赏等结合起来，能够让听觉思维的训练更加高效，也让学生对于

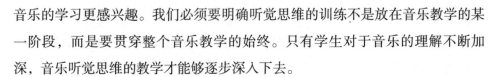

音乐的学习更感兴趣。我们必须要明确听觉思维的训练不是放在音乐教学的某一阶段，而是要贯穿整个音乐教学的始终。只有学生对于音乐的理解不断加深，音乐听觉思维的教学才能够逐步深入下去。

2. 通过增强音乐的审美体验，丰富学生的情感世界

从本质上来说，人们喜欢欣赏音乐，是因为能够对于音乐当中的情感有所反映，而欣赏音乐情感的过程并不是一个纯粹智力的过程，而是一种审美的过程。我们常说音乐是一种跨种族跨国家的语言，这是因为无论是任何一种文化背景当中，成长起来的人都可以对于音乐当中的情感有所体验。因此，我们在对于学生进行三元维度的音乐教学时，也需要通过激发学生的审美能力，来让学生感受到音乐当中的情感。

这其中首先要做到的是要对音乐要素有情感体验。上文中笔者提到在培养学生的音乐听觉思维当中，会培养学生对于不同的音乐要素的识别能力。例如旋律可以让学生感受到整体的紧张感或舒缓感，不同乐器的音色能够在不同的场景表达，等等。通过这种对于音乐要素的细微把握，学生可以进一步去体会音乐当中的情感。其次，我们还要对不同的音乐文化进行讲解，让学生可以置身其中，进一步去体会情感。在这里强调不同的文化背景，并不是说音乐会因为不同的文化背景而隔离，而是以音乐创作的文化背景的视角去欣赏音乐，可以让学生的体会更加直观。比如我们常常说在苏联歌曲当中，总是蕴含着一种淡淡的哀伤和别离的味道，这是由于这个国家这个民族在特殊的时期存在着这样一种整体的情绪，这或许与苏联在战争时期损失惨重有关，也或许与他们积淀的民族性有关。让学生去深入了解这个国家这个民族的文化，能够让学生更快地感受到他们在音乐当中所蕴含的情感。最后就是要让学生有情感地进行音乐实践。总的来说，学生对于音乐情感的体验是一个系统的过程，而不是单一地对某一首乐曲有突发的理解。因此，这种情感体验的能力一旦形成，会贯穿学生学习的始终，在音乐实践当中配合着这种对于情感和文化的理解，学生也能够将音乐内容表达得更加透彻。

3. 通过提高音乐人文素养完善学生的人格

小学阶段的音乐教学，不仅是与音乐本身，还与音乐背后的文化有密切的联系。可以说，在音乐教学的过程当中，我们是在通过潜移默化的方式，提升学生的思维，锻炼学生的技巧，帮助学生理解更加丰富的文化内涵，同时丰富学生的情感世界。

在今天三元维度的音乐教学方式当中，要不断加强音乐教育与背后的文化之间的联系，同时还要提高学生的人文素养。在构建文化与音乐融合的教学模式当中，培养学生良好的人文情怀，构建更加完善的人格。我们始终相信一种完善的人格，不仅会让学生的心态更加平和，更能够让学生以正确的方式去理解不同的知识。而培养学生完善的人格，不仅是音乐教学的目标，更是教育工作的总体目标。

综上所述，音乐教学的三元维度教学理论是从学生的思维情感和文化三个维度出发。在教学过程当中，不仅能够体现音乐学科的本质，也能够体现音乐育人的教育宗旨。通过这种多维度的教学，我们能够真正实现学生的内部知识系统构建和人格的完善发展，促使学生拥有更好的审美能力，从而在未来的学习和生活过程中成长为一个情操高尚的人。

［注：该文章为广东省教育科研"十三五规划"2019年度教科研重点课题《基于课堂观察提升义务教育阶段音乐教师PCK能力的实践研究》（课题批准号：2019ZQJK036）的阶段性成果］

参考文献：

［1］魏宇.一辈子用心做好一件事——记充满音乐教育情怀的特级教师吴文漪［J］.中小学教材教学，2018（7）.

［2］高育红.浅谈运用音乐教育提高盲生的综合素质［J］.教育革新，2013（9）.

［3］张帆.浅谈音乐教育与素质教育的关系［J］.数码设计，2017（11）.

［4］江钰.浅析音乐教育对学生发展的作用［J］.中国校外教育，2018（13）.

（该论文发表刊物《北方音乐》2020年7月第十三期）

义务教育阶段音乐教师课堂观察调查情况及教学知识（PCK）研究

张春明

一、调查目的

在研究期间使用比较广泛的方法为课堂观察，对传统课堂学习现状进行改善，提升教师的专业发展，并为校企合作文化的形成提供帮助。为了掌握当前课堂观察法在中小学音乐教学中使用及促进发展情况，特地对惠州市中小学从事音乐教学的教师做了问卷调查。

二、调查方式

本次调查采取的随机问卷调查，主要以网络形式在手机或电脑端完成，时间段在2019年5月2日至27日。因网络问卷以链接形式发放，故没有总问卷数，而截至有效期共回收有效问卷182份。

三、调查结果

问题一：您教学所属的学段？（表1）

表1　问题一

选项	小计	占比	
小学	98		53.85%
初中	84		46.15%

问题二：您的教龄？（表2）

表2　问题二

选项	小计	占比	
5年以下	52		28.57%
5~10年	53		29.12%
10年以上	77		42.31%

问题三：您参加课堂观察的主要目的是？（表3）

表3　问题三

选项	小计	占比	
完成学校的任务	14		7.69%
提高自身的发展	152		83.52%
帮助同行	10		5.49%
其他	6		3.3%

问题四：您平时课堂观察的方法是？（表4）

表4　问题四

选项	小计	占比	
传统听课，记录听课本	101		55.49%
有目的有准备听课，有观察点，有观察量表	81		44.51%

问题五：您在课堂观察前对授课教师的授课内容和教学思路有了解吗？
（表5）

表5　问题五

选项	小计	占比	
了解	74		40.66%
不太了解	94		51.65%
不了解	14		7.69%

问题六：您在课堂观察前对上课的学生了解吗？（表6）

表6　问题六

选项	小计	占比	
了解	53		29.12%
不太了解	111		60.99%
不了解	18		9.89%

问题七：您进行课堂观察是传统方式以个人为单位无目的的观察还是以科组分工进行有目的的观察？（表7）

表7　问题七

选项	小计	占比	
个人	48		26.37%
以科组为单位进行课堂观察，但无明确分工	78		42.86%
科组分工	56		30.77%

问题八：您在课堂观察后评课多以评教师教学为主还是评学生学习为主？
（表8）

表8　问题八

选项	小计	占比	
教师教学	124		68.13%
学生学习	58		31.87%

问题九：您认为课堂观察对提高您的教学能力有帮助吗？（表9）

表9　问题九

选项	小计	占比	
没有太大帮助	5		2.75%
有一点帮助	88		48.35%
帮助很大	89		48.9%

问题十：您听说过课堂观察LICC范式吗？（表10）

表10　问题十

选项	小计	占比	
没听说过	126		69.23%
听说过，但不是很了解	50		27.47%
了解	5		2.75%
十分了解	1		0.55%

问题十一：您了解什么是教师的PCK吗？（表11）

表11　问题十一

选项	小计	占比	
没听说过	120		65.93%
听说过，但不是很了解	57		31.32%
了解	4		2.2%
十分了解	1		0.55%

问题十二：奥尔夫、柯达伊、达尔克洛滋体态律动三大音乐教学法你了解吗？（表12）

表12　问题十二

选项	小计	占比	
不了解	20		10.99%
听说过，不是很清楚	78		42.86%
了解	82		45.05%
十分了解	2		1.1%

问题十三：您参加过三大音乐教学法的相关培训吗？（表13）

表13　问题十三

选项	小计	占比	
没有	128		70.33%
参加过其中一个	36		19.78%
参加过其中两个	13		7.14%
三个都参加过	5		2.75%

问题十四：您细读过新版《义务教育音乐课程标准》吗？（表14）

表14　问题十四

选项	小计	占比	
有	75		41.21%
没有	22		12.09%
大概知道一点，没有细读过	85		46.7%

问题十五：您有参加过《义务教育音乐课程标准》学习的相关培训吗？（表15）

表15　问题十五

选项	小计	占比	
有	77		42.31%
没有	105		57.69%

问题十六：音乐课堂教学中，您认为最难上的是什么课型？（表16）

表16　问题十六

选项	小计	占比	
唱歌课	1		0.55%
欣赏课	64		35.16%
器乐课	36		19.78%
其他（引导学生进行音乐创编，例如：节奏的创编、旋律的创编）	81		44.51%

问题十七：您认为提高自己的学科教学能力（PCK能力）的主要途径有哪些？（图1）

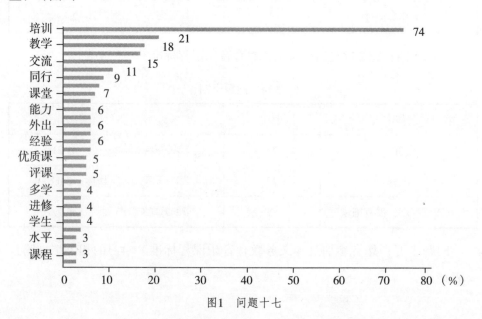

图1　问题十七

问题十八：您希望通过哪些方面的培训来提高自己的学科教学能力（PKC能力）？（图2）

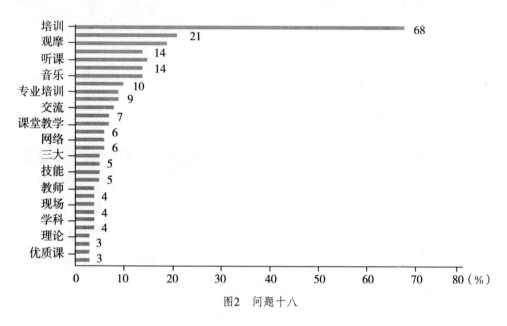

图2　问题十八

问题十九：您认为当前在学校影响音乐教师专业发展的不利因素有哪些？（图3）

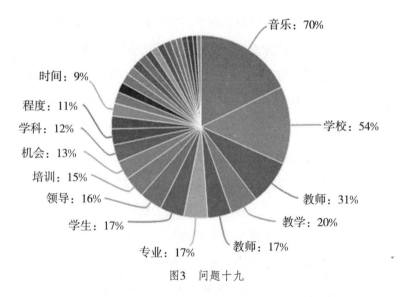

图3　问题十九

问题二十：您主持或作为课题组成员参加过音乐教学课题研究吗？（表17）

表17　问题二十

选项	小计	占比	
有	75		41.21%
没有	107		58.79%

四、调查分析

从调查结果可以得知，调研对象主要是小学和初中两个教学段教师，且教龄都在5年以上，对课堂教学有一定的经验。在课堂观察过程中，大部分课堂均采取传统的听课手段，并且绝大多数授课教师对授课内容以及所授课的学生不太了解。超过三分之二的教师评课主要以教师教学手段和效果为主，而在一定程度上忽略了学生的学习效果。总的来说，几乎所有教师都认为课堂观察可以提高教学能力。即便如此，大多数教师都没有听说过或者不甚了解关于课堂观察的LICC范式以及PCK的观点，由此可见，惠州地区的中小学音乐教师在这方面的培训是严重缺失的，因此对教育教学的范式及学科知识的补充是必然的。另外，音乐教师在对三大音乐教学法的认识还存在一些不足，主要表现在对其非常了解的比重很小，大多数停留在听说过的阶段，而且几乎没有接受过三大音乐教学法的相关培训，这方面应该加强。还有，调查对象对《义务教育音乐课程标准》的了解及相关培训的参与也是缺乏的，表明学校在这一方面需要针对音乐教师进行知识普及和强化培训。在问卷最后有四个问题，因回答的问题有长有短，因此提取其中的关键词进行频数的统计，可以得知：大多数音乐教师认为通过相关培训可以提高自身PCK水平，且在教学观摩、听课或交流等方面的培训可以提高PCK能力。根据教师反馈意见，大多数人认为学校领导不重视音乐教育、专业与授课内容不对口等问题成为制约音乐教师专业发展的主要因素。另外，主持或参与音乐课题的研究也是一项重要的技能，然而调查结果发现，超过一半的教师没有这方面的经历，限制了音乐教师的主观能动对音乐教学的促进与发展，也是音乐教师PCK缺乏的一个前提因素。

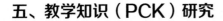

五、教学知识（PCK）研究

本研究主要研究的问题为：第一，教师在教学实践中，PCK的使用有哪些不同成分？第二，在教学中不同成分会产生的影响机制是什么？PCK的定义为特定的学科内容知识、教学法知识和情境知识的整合或转换。教师学科教学的统领性观念和特定课题的"学"与"教"的知识是PCK的主要成分。学科内容的知识与教学目的的知识是学科教学的统领性观念的主要组成部分。中小学课程体系中，音乐学科就是学科内容的知识、音乐学科所包含的概念与方法等；处于不同学科水平基础上的，最有学习价值的知识与信念的为教学目的的知识。学生理解的知识、内容组织的知识等几个方面则是特定课题的"学"与"教"的知识。以特定课题的理解为出发点，学生理解的知识包含的内容较多，比如理解的模式、理解的层次等；在学科体系中特定课题的定位及与其他学科之间的联系就是内容组织知识；以特定课题的研究为出发点，学生对于这个课题在学习过程中通过测评，对学习方法进行调整的方式叫作效果反馈的知识；在教学实践中，需要针对教学内容进行合理选择与表现的方法叫作教学策略的知识。在本次研究中，囊括了课堂教学最为关键的内容与过程，对教师的技能掌握情况、学习过程进行了考察。惠州市的14位义务教育阶段中小学音乐教师是研究的对象，采用现场观察教学课堂作为研究手段，原始的资料是通过跟进14位观察对象在两年课堂教学中变化的数据收集的，在研究中，需要将研究的重点确定为PCK的使用对于学生学习活动与结果产生的影响。特定课题的教学价值会受到学科内容的知识与教学目的的知识双重影响，这也对为何要教的问题进行了回答。特定课题理解的知识对于学生来说关注的重点是教给谁，他们如何学的问题。学科内容的层次是内容组织的知识划分的，特定课题在教学中的定位也得以确定，且能对教什么的问题进行回答。怎么教的问题是由教学策略回答的，课题与学生如何，学生是确定的主要依据。教的效果如何则由效果反馈的知识回答了，这样就可以让学生了解自己的学习效果，让学生能有效消除误解。支持PCK的各种成分在本研究中比较明显，且是相互缠绕的观点。特定课题的"学"与"教"的

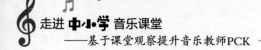

开展期间，科教学的统领性观念发挥着导向作用。通过"学"与"教"的长期累积，经由量变到质变，也会重组学科教学的统领性观念，对典型课题的各种不同的教学课例进行分析，概括出每个课题的普适性的PCK。

［注：该文章为广东省教育科研"十三五规划"2019年度教科研重点课题《基于课堂观察提升义务教育阶段音乐教师PCK能力的实践研究》（课题批准号：2019ZQJK036）的阶段性成果］

（本文发表于《教育学文摘》杂志2021年1—2月）

核心素养下高中音乐课堂教学的美学视角

高 亮

对于"核心素养",各个国家对其的解释并不相同,但无论语言如何表述,其宗旨均表达了对本国国民在21世纪应该是什么样子、应该具备怎样的素质的概括和提炼。我国的学生发展核心素养提出:学生发展核心素养主要指学生应具备的,能够适应终身发展和社会发展需要的必备品格和关键能力,以培养"全面发展的人"为核心。

一、优化课程内容,创新教学方法

良好的教学效果离不开课程内容及教学方法的创新及优化。音乐课程内容的优化应以学生为基础,以提高学生的音乐素养为根本目标。教师在音乐学科教学内容选择时,应从学生的实际需求出发,选择难度略高于学生的实际水平且学生喜闻乐见的教学内容,只有这样才能在激发学生学习兴趣的基础上,增强学生的音乐辨析及探究能力。此外,学校也可结合当地地域特色自编教材,让学生在了解地域音乐的同时,进一步提高对音乐的感知力。教学方法及模式的创新是核心素养背景下音乐课程教学的必经之路,教师应对学生的音乐学习和实践能力有整体的了解和把握,在实际教学过程中根据学生的反映及教学效果有针对性地做出调整。另外,教师还可利用新媒体技术等新手段为学生营造良好的学习氛围,创造良好的音乐学习条件,增强其学习动力,从而达到培养

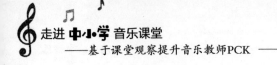

其音乐素养的目标。

二、整合与筛选

在信息爆炸的时代，音乐资源不再贫乏，甚至是挑花了眼。我们在营造美的音乐课堂时第一步就是要将这些资源进行整合和筛选。这就如同优质的食材是烹制美味佳肴的首要条件一样。同样以设计《巴赫宗教复调音乐的顶峰》为例，在视觉美中我会选择自己出国旅游时亲自拍摄的巴洛克时期的教堂照片做导入，将精致的巴洛克风格的建筑绘画图片进行编辑整合作为配图，从整体视觉上营造一种统一的、高贵典雅的、富丽堂皇的巴洛克风格。在视频的选择中我会对BBC的《宗教音乐》和《如何读懂教堂》等纪录片进行剪辑，在有限的45分钟的课时中保证介绍说明的精炼。在听觉美中我会选择在巴洛克音乐中造诣颇深的指挥家的作品，乐团演奏使用仿古乐器，音乐会的场地都设在著名的大教堂，在音色上追求高水准，音质上演出阵容强大、专业，录音效果好，尽可能地还原巴洛克音乐的原始韵味。用听觉美音乐结合视觉美的配图，再融入到形式美的设计中，将三者有机地结合起来，学生欣赏更加投入，对复调音乐，对《马太受难曲》，对宗教音乐印象更加深刻。

三、通过情感教育，利用音乐感染学生

对于一些学生来说，他们可能对于学习音乐没有太大的兴趣，而且有时候还会产生厌学的思想，这就阻碍了教师在教学中对于核心素质的渗透，影响教学以及学习效果，长此以往，学生的音乐水平不能得到提高，还会降低学生的音乐鉴赏能力，核心素质也很难提升。正处于青春期的高中生，他们的心思会比较敏感，因此教师要对学生进行音乐上的引导以及情感上的教育，跟学生进行心灵上的交流，以消除学生内心上的障碍。而且，教师可以用优美的韵律去感染学生，使其逐渐地对音乐产生兴趣，提升学生的核心素养。如在学习《国之瑰宝——京剧》时，教师可以给学生介绍一些京剧泰斗的生平，比如梅

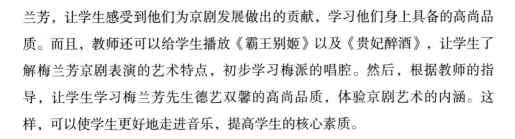

兰芳，让学生感受到他们为京剧发展做出的贡献，学习他们身上具备的高尚品质。而且，教师还可以给学生播放《霸王别姬》以及《贵妃醉酒》，让学生了解梅兰芳京剧表演的艺术特点，初步学习梅派的唱腔。然后，根据教师的指导，让学生学习梅兰芳先生德艺双馨的高尚品质，体验京剧艺术的内涵。这样，可以使学生更好地走进音乐，提高学生的核心素质。

四、加强音乐课堂形式的创新，不断提升学生的音乐感知能力

当代高中学生的思想观念相对较为成熟，但是很多学生缺乏一定的音乐基础，因此需要根据学生的性格特征和学习需求选择合适的课堂教学形式，并全面遵循因材施教原则，加强对全体学生音乐感知能力的有效培养。依据新课改要求充分体现学生的主体地位，采取有趣生动的教学方法调动学生的主观能动性，不断提升学生的音乐感知能力。在进行高中音乐课堂教学的过程中，可以从多角度对高中音乐课堂形式进行创新和改进。例如可以结合信息技术的科学运用，向学生展示呈现各种优秀经典的音乐。比如在教学《醇厚的中原韵》这节课内容时，教师应当根据教学内容和学生实际学情明确课堂教学目标，主要目标在于让学生学习和掌握民歌的变异性特征，深入体会民歌音乐情绪，不断提升对音乐的感知能力。

五、结束语

在核心素养背景下高中音乐教学仍存在许多问题，要想解决现存问题，需要教师和学生的共同努力，从重视音乐课程、创新教学方法、注重实践能力、增强师资力量建设等方面入手，进一步提高高中音乐教学水平，为学生核心素养的提升奠定坚实的基础。

参考文献：

［1］张蕊，张瑞.浅谈音乐课堂中核心素养的养成［J］.音乐天地，2020
　　（1）：26–29.

［2］陈春媚.核心素养理念下高中音乐鉴赏审美价值研究［J］.中小学音
　　乐教育，2020（1）：10–12.

［3］张海霞.基于音乐学科核心素养的高中音乐教学初探［J］.北方音
　　乐，2019，39（12）：199–203.

（本文发表于《中小学教育》2020年第31期）

参考文献

［1］沈毅，崔允漷.课堂观察：走向专业的听评课［M］.上海：华东师范大学出版社，2008.

［2］王秀萍.PCK概念及其对我国音乐教育的启示［J］.人民音乐，2017（4）.

［3］石洁.基于课堂观察的小学初任教师教学能力发展研究［D］.重庆：西南大学，2016.

［4］杨在宝，张杰，王燕.基于课堂观察提高教师教学能力［J］.教育与职业，2012（35）.

［5］陈大伟.观课议课与课程建设［M］.上海：华东师范大学出版社，2011.

［6］杜磊.音乐教学应注意的50个细节［M］.福州：福建教育出版社，2014.

［7］中国艺术研究院音乐研究.中国音乐年鉴［M］.济南：山东教育出版社，1992.

［8］廖家骅.音乐审美教育［M］.北京：人民音乐出版社，1995.

［9］吴文漪.音乐教学新视角［M］.北京：人民教育出版社，2007.

［10］段金星，范汝梅，盛京华.文化与音乐教育［M］.长春：东北师范大学出版社，2010.

［11］赵璐玫.走进音乐的人文世界［M］.北京：首都师范大学出版社，2014.

［12］张莹.基于LICC范式的小学科学"课程性质"维度的课例研究——以"冷热与温度"为例［J］.渤海大学学报（哲学社会科学版），2020，42（4）：118–122.

［13］锁冠侠.基于课堂观察LICC范式的高职课堂教学诊断：特质、关键与程序［J］.教育现代化，2019，6（73）：235–237.

［14］谢晓筱.课堂教学切片诊断与课堂观察LICC模式的比较研究［D］.开封：河南大学，2019.